菅井《すがい》敏之《としゆき》

お金が貯まるのは、どっち!?

お金に
好かれる人、
嫌われる人の
法則

アスコム

若いときの自分は、
金《かね》こそ人生で
もっとも大切なものだと思っていた。
今、歳をとってよくわかったのだが、
まったくその通りだった。

——オスカー・ワイルド（劇作家・小説家・詩人）

むかしむかし、
小さな町に
とても優秀な兄弟が住んでいました。

兄も弟も一流の大学に進学し、
優秀な成績で卒業しました。
そして2人は、都会で働き始めました。

どちらも優秀でしたが、
考え方はまったく正反対でした。

兄は、机の上がぐちゃぐちゃでした。
仕事はできますが、
お金にだらしない面がありました。
弟は、机の上がつねにきれいでした。
毎月の出費もきちんと管理していました。

兄は、都会が好きでした。
メインの預金通帳はメガバンクで作りました。
弟は、地元の町が好きでした。
地元の信用金庫の預金通帳を使っていました。

兄は、気楽な生活を好みました。
住みたい町に、部屋を借りて暮らしていました。
弟は、根が生えた生活を好みました。
結婚する前から、自分の家を買いました。

兄は、「一発逆転」が好きでした。
若いうちから、宝くじや投資に執心していました。
弟は、堅実な道を辿っていました。
低金利の住宅ローンを最大限に利用しました。

兄は、夢を見ていました。
弟は、目標を持っていました。

さて、その後の2人の人生は……

兄は、50歳になったときに気づきました。
「あれ、俺には資産がまったくない……」と。
弟は、50歳になったときに決意しました。
「これからは好きなことをして、
自分らしく生きるぞ」と。

そうです。

弟は、たくさんの資産を持っていたのです。

お金の自由と時間の自由を手にしたのです。

さて、2人の明暗を分けたものとは

いったい何だったのでしょうか。

プロローグ

あなたの給料は、どの銀行に振り込まれますか？　みずほ銀行、三菱東京ＵＦＪ銀行、三井住友銀行などのいわゆるメガバンクですか？　それともゆうちょ銀行？　地元の信用金庫？

給料の振り込み口座のことを、銀行員たちは**〝きゅうふり口座〟**と略して言います。たいていの場合、この〝きゅうふり口座〟は、その人のメインバンクのはずです。

では、なぜ、あなたはその銀行をメインバンクにしたのでしょうか？

どこにでもある○○銀行が便利そうだったから……、会社に○○銀行を指定されたから……、親が○○銀行を使っていたから……、など理由はさまざまでしょう。それほど強い動機があるわけではなく、「なんとなく……」で決めている場合も多いはずです。

では、もしも選ぶ銀行によって、お金の増え方が大きく違うとしたらどうでしょうか？　選ぶ銀行によって、お金持ちになることもあれば、いつまでたってもお金が貯まらないこともあるとしたら……。それなら、決して「なんとなく……」では決めないはずです。

ひとつだけ結論を先に言ってしまいましょう。

なんとなく「メガバンク」を選んでいる人。

この人たちが、もっともお金を増やせない人です。いくら頑張って働いても、生活がよくならない。たとえ収入が増えても、生活が破綻してしまうことがある。私は25年間におよぶメガバンク勤務の時代に、こういう人をたくさん見てきました。

銀行はお金をおろす場所ではない

私は山形県の田舎町・朝日町で育ち、大学入学と同時に上京してきました。大学を卒業すると三井銀行（現・三井住友銀行）に入行し、その後、**横浜と東京の支店で支店長**を勤めました。大人気ドラマ『半沢直樹』さながらの、銀行員ならではの浮き沈みを経験し、悲しみと喜びを味わいました。

また、多くの方々の資産構築において、銀行がいかに重要な役割を果たしているかを目の当たりにしてきました。

48歳のとき、25年間の銀行員生活に終止符を打ち、**現在は6棟78室のアパート経営で、年間7000万円ほどの不動産収入を得ています。**

銀行員として人に「お金を貸す」側の立場もわかるし、不動産オーナーとして銀行から「お金を借りる」側の立場もわかる、というのが私の特徴です。

長年メガバンクに勤めてきた私が「メガバンクをメインバンクにしている人は、一生お金を増やせない」と言うと多くの人が驚きます。「いったい、なんで⁉」と。

なぜ、メガバンクではダメなのかを語る前に、そもそも銀行とはどんなところなのかを考えてみましょう。

銀行は、お金をおろすだけの場所ではありません。

銀行は、お金を借りる場所です。

「私は社長じゃないからお金なんて借りない」と感じる人もいるかもしれません。

では「住宅ローン」はどこから借りるのでしょうか？「自動車ローン」は？子どもの「学資ローン」は？

特に、住宅を購入する場合は、なんの疑いもなく住宅ローンを組もうとするはずです。つまり、銀行からお金を借りるわけです。

もう少し先のことも見すえてみましょう。今、会社員をしている人でも、将来は独立して事業を始めるかもしれません。お店を始めるかもしれません。そんなときは事業資金や開業資金を銀行から借りることになるでしょう。

将来、購入したマンションを賃貸に出すことがあるかもしれません。さらにもうひとつマンションを買い、賃貸収入で2つのローンをまかなっていくプランを考えるかもしれません。

ローンの全額とは言わないまでも、かなりの割合を賃貸収入でまかなうことができれば、労せずして2つのマンションが手に入ります。

この場合だって、銀行の「住宅ローン」を利用するわけです。

成功者たちの共通点はただひとつ。

銀行からお金を借りて、それを上手に活用したことです。

こうすれば、たとえ今の年収が低くても、きちっとお金を増やすことはできるのです。

なぜ、メガバンクではダメなのか？

たとえ、今すぐにお金を借りることはないとしても、先ほどお伝えしたように将来はわかりません。住宅を買いたい、子どもを私立の学校に行かせたい、独立したい、お店を開きたい、などと考えるようになるかもしれません。

そのときに一番困るのは「お金がない」「お金が借りられない」ことです。これによって、あなたや家族は、選択肢を完全に失うことになります。

よく「将来が不安」という言葉を聞きますが、これはつまり、選択肢がない状態のことです。

このまま今の会社で働き続けるしかない……。
家を買おうにも、独立しようにも、お金がない……。
病気にでもなったら家族を養っていけない……。

こうした選択肢のない状態に陥ることで、人はいろいろなことをあきらめなくてはなりません。

逆に、**選択肢がたくさんある人生は楽しい**。自分のさまざまな可能性にかけることができる。何かを「やりたい！」と思ったときにチャレンジできる。子どもの望む進路に進ませてあげることもできる。

多くの人は、将来、自分が何になりたいかを決められません。でも、それでいい。未来のことはわかりませんから。ただ、いざ何かをやりたい、と思ったときに、その道を選べないことはとても悲しい。

だからこそ、お金の知識をつけて、準備しておくのです。

将来の選択肢を広げるためには、2つのことが必要です。

1　お金をきちんと貯めておくこと
2　銀行からお金を借りやすくしておくこと

この2つを準備しておけば、将来、あなたは好きなことをして暮らせるようになります。

ここで話を戻しましょう。なぜ、メガバンクではダメなのか？

メガバンクはそもそも、大企業の人や公務員のように安定している人しか相手にしないからです。高収入で安定した将来が約束された人にしかお金を貸したくない、というのが彼らの本音です。

では、今、大企業に勤めている人は、メガバンクを選べばいいかというと、まったくそんなことはありません。私は三井銀行（現・三井住友銀行）に25年間勤めましたが、独立して法人口座の開設を三井住友銀行に申し込んだとき、大変厳しい審査をされました。

自分が在籍していた銀行ですら、独立したとたんに厳しくなるのです。

もしも、独立して資金を借りようとしても、メガバンクはあなたを相手にしないでしょう。元大企業に在籍していた、などということは、なんの役にも立たないのです。

では、どの銀行をメインバンクにすればいいのか？

ズバリ、信用金庫です。

信用金庫は、地域の商店や中小企業に勤める会社員などを、おもなお客様にしています。

たとえば、500万円の預金があったとしても、メガバンクではまったく相手にされませんが、信用金庫なら「上客」として扱ってくれる。1000万円なら、担当者がついてくれる場合もあります。

あなたの今後のライフプランに合わせて、いろいろな相談をすることもできる。関係性をうまくつくれば、将来、あなたが必要なときにお金を貸してくれる可能性も高いのです（個人が銀行とどうやって関係をつくればいいのかは、本編でたっぷりご紹介します）。

つまり、〝きゅうふり口座〟をメガバンクにするか、信用金庫にするかで、あなたの未来が劇的に変わるということなのです。

お金が増えるのは、どっち？

お金を増やすためには、今のあなたの状況を見直す必要があります。単に節約をしなさい、という話ではありません。

先ほどお伝えしたように「〝きゅうふり口座〟はメガバンクか？　信用金庫か？」という問題もあるし、保険、住宅、支出管理など、さまざまなシーンで、**「お金が増える選択」**と**「将来、銀行からお金を借りやすくする選択」**をしないといけません。

定期保険と終身保険、あなたはどちらに加入していますか？

住宅は、賃貸派？　持ち家派？

住宅を購入した人は、繰り上げ返済をする派？　しない派？

お金をおろすのは、銀行？　コンビニ？

財布は、長財布？　折りたたみ財布？

Ｓｕｉｃａ（またはＩＣＯＣＡなど）をチャージするときは、１０００円？　１万円？

お金を増やした成功者たちは、じつは、こういうことのひとつひとつに対して、明確に答えを持っています。かならず**「お金が増えるのはどちらか？」**を考えて決めているのです。「なんとなく……」ではありません。

本書では、お金にまつわる25個の質問を投げかけながら、あなたがお金を増やすお手伝いをしていきます。

元銀行員にしかわからない銀行や保険、住宅のカラクリを解き明かすことで、あなたが正しい選択をできるようにアドバイスしていきます。

本書があなたの資産形成の一助になれば、こんなに嬉しいことはありません。

では、そろそろ最初の質問に参りますね。

クレジットカードを持つなら2枚か4枚、さて、どっち?

じつはこれ、あなたの信用に関わる大切な問題です。正しい答えはというと……。

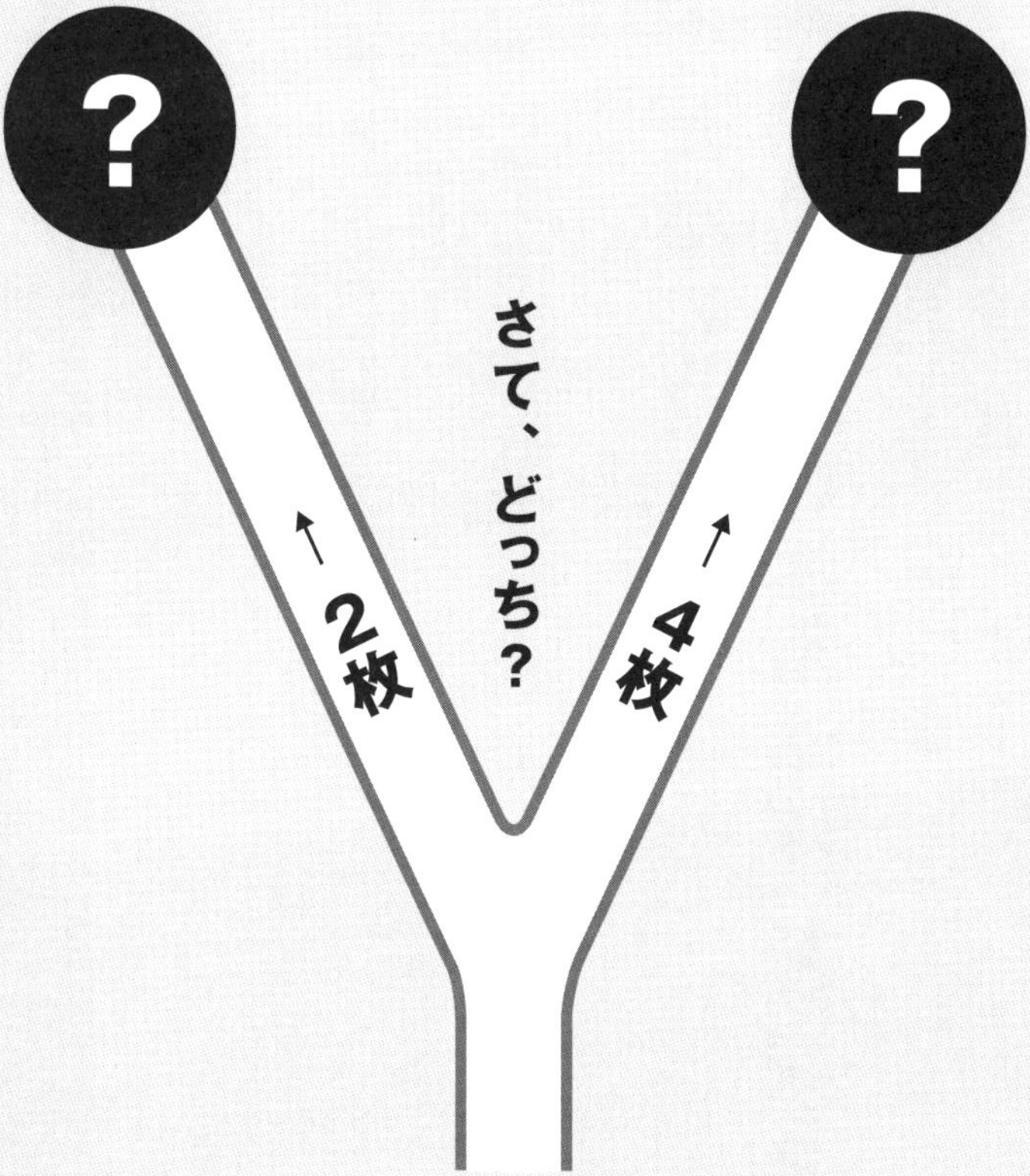

クレジットカードを持つなら
2枚? 4枚?

お金が貯まるのは、どっち!? もくじ

Part 1 お金が増える「銀行&保険」の活用法は、どっち?

Part 2

お金が貯まる「生活習慣」は、どっち？

Part 3

お金が増える「住宅の選び方」は、どっち？

Part 1

お金が増える「銀行&保険」の活用法は、どっち?

宇宙で一番強い力は何かって？

そりゃ
金利の複利効果だよ。

――アルバート・アインシュタイン（物理学者）

質問1

クレジットカードを持つなら2枚と4枚、どっち？

あなたは、何枚くらいクレジットカードを持っていますか？

中には自分で把握できないくらいの数を持っている人もいるかもしれませんね。最近は、店のポイントカードと一体になったクレジットカードがあふれています。多くの特典とポイントがついてくるため、得をした気分で、次々にクレジットカードを契約した人もいるでしょう。

でも、ちょっと待ってください。そこには大きな落とし穴が潜んでいるのです。

クレジットカードには**「キャッシング枠」**というものがあります。これは、そのクレジットカードで借りられる限度額のことです。

要するに、無担保でお金を借りられる限度額。クレジットカードでキャッシングするということは、カード会社から一時的にお金を借りたことになります。カード会社は、あなたに湯水のようにお金を貸してくれるわけではありません。当然ながら、上限が決まっていて、それがキャッシング枠です。

このキャッシング枠は、あなたに対する信用ですから、何枚クレジットカードを持っていたとしても金額が大きくなることはありません。

たとえば、あなたのキャッシング枠が１００万円だったとします。この場合、カードを1枚持てば、そのカードのキャッシング枠は１００万円になります。では、４枚持ったら、すべてのカードの合計キャッシング枠が４００万円になるかというと、そうではありません。４枚合計のキャッシング枠は、１００万円のままです。

つまり、そのカードをどれだけ使ったかに関係なく、カードの枚数が多ければ多いほど、１枚のキャッシング限度額は少なくなる。カード会社からすれば、あなたの信用が低い、ということになるわけです。

これだけを見ても、**クレジットカードは、４枚より2枚のほうがいいとわかるでしょう。**

では、いっそのこと1枚のほうがいいのでは？　と疑問を持つかもしれませんね。

2枚にする理由は、なくしてしまったときの保険です。財布をなくしてしまったら、一時的に現金もキャッシュカードもない状態になってしまいます。それでは困りますよね。ですから、**クレジットカードは2枚にして、1枚は持ち歩き、もう1枚は予備として家に置いておくのが理想です。**

カードを持ちすぎると家が買えなくなる!?

もっと深刻な問題になるのが家を買うとき。**銀行が住宅ローンを融資するときの基本スタンスは、返済利率を収入の35%に抑えることです。**
たとえば、毎月の手取り給料が30万円の人なら、月々の返済額が10万５０００円を超えないようにするわけです。ただし、これには注意書きがあります。

ほかの借り入れと合わせたトータルが35%なのです。

ほかに借り入れがなければ35%まるまる借りられますが、仮にクレジットカードでリボ払い、分割払いなどで月々３万円の返済をしているとすると、先ほどの例で言えば、10万５０００円−《マイナス》３万円で、銀行は月々の住宅ローンの返済額が７万５０００円までしか貸してくれません。
要するに、**住宅ローンで借りられる額が少なくなってしまうのです。**こうして、収入的には十分返済可能な金額なのに、住宅ローンの審査で落とされる結果になってしまいます。

クレジットカードをたくさん持っていると、もっと最悪なことも起こります。あなたが気づかないうちに、あなたの信用がなくなっているかもしれないのです。

クレジットカードで買い物をしたとします。そして、その支払いを忘れていたとなると、それは〝**入金遅れ**〟と金融機関の信用情報に記録されます。

それが1回や2回であれば大した問題ではありませんが、何回もあると、「この人は信用できない人だ」と見なされ、住宅ローンの融資を断られることがあります。

銀行は、当然ながら、貸したお金が返ってこないことをもっとも嫌います。過去になんらかの返済が滞っている人は、銀行から見れば**「だらしない人」**です。しかも、これが繰り返されていれば、なおさらです。

延滞して、しかも返済していなければ、完全な〝**事故扱い**〟になってしまいます。

こういう事態は、クレジットカードの枚数が多い人ほど起こりやすいのです。どのカードがいくらの支払いかを把握しにくく、また給料振込の口座とカードの引き落とし口座がちがうケースが増え、うっかり入金を忘れてしまう危険性があるのです。

ですから、**クレジットカードは2枚にしぼり、決済口座はともに給料振込の口座にすべきです。**まだ家を買う予定がない人も、いずれ住宅ローンと向き合う時期がやってきます。そのときに慌てても、もう遅いのです。

自分の信用情報は調べられるの？

自分の信用状態を見たい人は、個人で信用情報を調べることもできます。

「信用情報センター」で検索すると、全国銀行個人信用情報センター、株式会社シー・アイ・シー、日本信用情報機構の3つが出てきます。

◎全国銀行個人信用情報センター（KSC） http://www.zenginkyo.or.jp/pcic/

全国銀行協会（銀行、信用金庫、信用組合、農協、労金など）が加盟している個人信用情報機関。銀行系クレジットカード、銀行の住宅ローンなどの登録情報が多い。

◎株式会社シー・アイ・シー（CIC） http://www.cic.co.jp

クレジットカード会社、信販会社、リース会社、消費者金融、携帯電話会社などが加盟している個人信用情報機関。クレジットカード、自動車のローン、携帯電話のローンなどの登録情報が多い（一部の消費者金融も）。

◎日本信用情報機構（JICC） http://www.jicc.co.jp
貸金業、クレジット会社、リース会社、保証会社、金融機関の与信枠などの個人信用情報機関。クレジットカード、消費者金融などの登録情報が多い。

これら3つの信用情報機関は、情報の一部を共有していますので、どれかひとつの信用情報を取れば、だいたいのことがわかります。申請方法など、詳しい情報は各ホームページで確認してください。特に住宅ローンを借りる前には、自分の信用が毀損《きそん》されていないか把握しておいてください。

もし毀損しているものがあれば、きちんと整理しておくべきです。**情報は5年ほど残りますが、クリーンな状態に戻して解約しておけば、銀行の印象もそれほど悪くならないでしょう**（少なくとも、そのまま放置するよりはまし）。解約すればクレジット契約の内容が**「解約済」**として記録されます。

住宅ローンを申請するときは、ほかにどんな借り入れがあるのかをかならず書かされます。じつは、銀行はあなたの借り入れ情報を調べられるのです。にもかかわらず、わざわざ書かせるのは、あなたの報告と、銀行が取った信用情報とが合っているかをチェックするためです。

これによって、あなたが**「信用できる人間かどうか」**を見ているわけです。銀行は、あなたがすっかり忘れている携帯電話のローンまで把握しています。

これくらいなら「きっと忘れているのだろう」と見てくれますが、心証は決して良くありません。銀行員の心証ひとつで、融資が通ることも通らないこともある。来るべきときに、きちっと備えておかないといけません。

答え

クレジットカードは2枚にする！ 将来、銀行からお金を借りるときのために、信用を失わないよう注意して。

質問 2

天引きで貯金する人、余ったお金を貯金する人、貯まるのはどっち？

毎月、決まった額を積み立てようと考える人もいれば、余ったお金を貯金にまわそうと考える人もいます。

どちらのほうがお金が貯まるか。これは簡単ですね。

そう、天引きで貯金する人です。お金が貯まる人の絶対条件は「計画性があるかどうか」です。

ただ、中には、天引きすることで、かえってお金が貯まらない人というのがいます。**天引き額をやたらと大きく設定してしまう人です。**必死に貯金しようとするあまり、無理な金額を設定し、毎月の生活を苦しくする。最初の何か月かは我慢できても、無理は続きません。

やがては、苦しくなった月末に貯金に手をつけてしまい、これがきっかけで貯めるモチベーションを失ってしまう人を、銀行員時代に山ほど見てきました。

無理なく貯金するためには、手取り収入の15~20%くらいが妥当です。手取りが20万円の人であれば毎月3~4万円を、30万円の人であれば4万5000円~6万円を貯金にまわすのです。

重要なのは、額で決めるのではなく、割合で決めること。手取りの収入が変われば、それに応じて貯金の額も変更してください。これで、家計を赤字にせず、きちっと貯めることができます。

これは、貯金だけに言えることではありません。**すべての支出を割合で決めるようにすることが大事です。**

給料からの天引き預金を収入の15～20％、ほかはたとえば、住宅費（家賃）は収入の25～30％、保険料は5～7％、通信費・光熱費は7～10％、食費は10～15％、交際費は5～7％、雑費は3～5％と決め、残りを臨時支出などにあてる。

これは、私の長年の経験で得たパーセンテージです。割合で支出を管理することは、ムダづかいをなくすコツでもあります。

もちろん、住宅費などをもっと切り詰められる人は、その分を貯金にまわしてもいいでしょう。いずれにしろ、毎月決まった割合で先に天引きするようにする。

逆に言えば、そうしなければお金は貯まりません。余裕ができたら貯金をすると言って、実際に貯金ができた人を、私は残念ながら見たことがありません。**貯金は余った分をするのではなく、先にするものなのです。**

将来お金を借りる予定の銀行に預金しなさい

毎月、積み立てる割合（金額）を決めたら、銀行に**「天引き積立口座」**をつくって、そこに毎月預金します。そして、その口座には一切手をつけないようにします。

問題は、**どの銀行にするのか**、ということ。天引き用の口座は、どの銀行でもいいわけではありません。

最大のポイントは、将来、自分がお金を借りる予定の銀行で積み立てること。若いうちから意識しておいてほしいことは、銀行はお金を預けたりおろしたりするだけの場所ではなく、「お金を借りる場所」だということです。

一般の会社員や主婦にとって、銀行を利用する一番のメリットは、お金を低い金利で貸してくれることなのです。

「お金なんて借りない……」と思う人もいるかもしれませんが、それはまったく違います。プロローグでもお伝えした通り、家を買うときには、お金を借りないといけません。買ったマンションを人に貸し、新しいマンションを買うかもしれません。このときも住宅ローンが必要です。

また、将来、事業をおこすかもしれません。事業資金は、銀行からの借り入れです。いずれ、銀行からお金を借りるときがやってきます。住宅ローンはもちろん、資産を増やしたいと思っている人はなおさらです。

そのときを見越して、若いうちから借りたいと思う銀行に預金するのです。

同じ500万円でも履歴によって銀行の評価は変わる

では、なぜ、借りたい銀行に積み立てるのか。それは、**そのほうが将来お金を借りやすいからです。**

貸す側の銀行員が見ているのは、あなたが信用できる人かどうかです。つまり、「まじめな人」かどうかを見ているわけです。

貸したお金を返してもらうためには、将来、破綻しなさそうな、堅実で、まじめな人のほうがいい。

たとえば、ある人の口座に５００万円が入っているとします。これが、毎月コツコツと10年かけて貯めた５００万円か、昨日一括で振り込まれた５００万円かでは、銀行にとってはまるで評価が違います。

前者にはきちんと貯金を続けられる堅実な様子が見てとれますが、後者はもしかすると明日、全額使ってしまう人かもしれません。

銀行は、自分の銀行についての入金履歴しかわかりませんから、後者の５００万円がどんなお金かはわかりません。親からもらったお金かもしれないし、どこかから借金したお金かもしれない。そんなあやふやな人に、銀行はお金をすんなりとは貸しません。貸すのは、前者です。

住宅ローンの場合、購入物件が担保になります。ただし担保価格は、だいたい購入金額の70％程度になります。５０００万円の物件であっても、３５００万円の評価額にしかなりません。

購入物件の3割を自己資金（頭金）で払える人はいいのですが、払えない人には、銀行は信用でお金を貸すことになります（**「信用貸し」**と言う）。

銀行がその人を信用する要素はいろいろあります。たとえば、大企業に勤めているとか、公務員であるとかいったことも、信用のひとつです。

でも、みんながみんな大企業に勤めているわけではありませんし、今はそうでも、将来は中小企業に転職するかもしれません。そんなときのための信用のひとつが積み立てなのです。

10年間にわたって、毎月4万円をコツコツ貯めてきた実績は、ものすごい信用になります。

その人は、まじめでお金の管理もしっかりしていそうですよね。

返済が滞ることもなさそうです。

これまでコツコツと貯めてきた履歴がはっきり見えるので、銀行は安心してお金を貸してくれるわけです。

ここで、疑問が浮かびます。

では、どこの銀行で積み立てれば将来、お金を貸してくれそうなのか？ そこで、次の項目では、元銀行員だからこそわかる銀行選びのポイントを伝授しましょう。

答え

お金が貯まるのは「天引き」で預金する人。コツコツと積み立て、銀行に信用される人になろう！

質問 3

メガバンクと信用金庫、口座を開くならどっち？

将来、自分はどんな人生を歩んでいきたいか――。


そんなことがわかっている人は、ほとんどいないかもしれません。

でも、人生の選択肢は多く残しておきたいところです。

「この会社で一生働いていくほかない……」なんていう選択肢のなさでは、人生はつまらないですよね。


将来、独立したいと考えるかもしれません。

将来、マンションを買いたいと思うかもしれません。

将来、子どもを3人ほしいと思うかもしれません。

将来、高級車をほしいと思うかもしれません。


そんなとき、望んだ選択をするには、お金が必要になります。そこで大切になるのが、**どの銀行に口座をつくるのか**、ということです。

独立するなら、銀行から事業資金を調達しなければなりません。

ただ、残念ながら、よっぽどのことがない限り、**メガバンクは相手にしてくれません。**私は三井住友銀行を退職したのち、事業を始めるために法人口座を開こうとしたのですが、大変な思いをしました。営業する事務所の賃貸契約がなかったため、自宅の不動産謄本を持って来いと言われたのです。以前そこに勤めていた私でも、そういう扱いをされるわけです。

口座を開くだけでも大変なのですから、マイクロ法人と呼ばれる零細企業がメガバンクから事業資金を融資してもらうのは、もっと難しい。最初は、ほとんど相手にされないと思っておいたほうがいいでしょう。

住宅ローンも同じです。

大企業の社員や公務員など、将来が安定している（と銀行が判断する）人には、お金を貸してくれますが、中小企業の会社員やましてやフリーランスの人には、審査が厳しくなります。

そこで、ぜひ活用してほしい銀行があります。プロローグでもお伝えした**信用金庫**です。

マイクロ法人に融資してくれるのは、なんといっても地元の信用金庫です。信用金庫は、地域の役に立つというミッションを持っているため、地元の商店街などの小さな店舗や個人事業主が主要なお客様になります。新しく事業を開始しようと思ったとき、あなたの力になってくれるのは、地元の信用金庫です。

住宅ローンの審査も同じです。前項で紹介した**「コツコツ貯めて信用を得る」**という方法は、じつはメガバンクではあまり効果がありません。

前述の通り、メガバンクは大企業の会社員や公務員には優しく、中小企業の会社員やフリーランスには大変厳しいものです。

でも、信用金庫なら「コツコツ戦法」が効果を発揮します。信用金庫も、もちろんお金を貸したいのです。その金利で商売をしているわけですから。**メガバンクが相手にしないようなお客様を相手にすることで、彼らは食べています。**

ですから、コツコツとまじめに積み立ててきた「信用できる人」にお金を貸そうと

します。

人生の選択肢を残しておくためには、信用金庫をあなたのメインバンクにして、給料をここに振り込み、同時に積み立ても行うのです。これが将来、かならず役に立つときがきます。

信用金庫なら「王様」として扱ってくれる

給料振込口座（通称・きゅうふり口座）を信用金庫につくるメリットはほかにもあります。

信用金庫にとって、口座に500万円の預金があれば、得意客です。1000万円の預金になれば、担当者がつくような扱いになります。

ところが、メガバンクの口座に1000万円の預金があったとしても、担当者がつくこともなければ、特別扱いされることもありません。

どちらのほうがお金を借りやすいのか。

どちらのほうがＶＩＰ対応をしてもらえるのか。

そういう視点で見れば、圧倒的に信用金庫のほうが優位です。

中小企業の人はもちろん、今は大企業に勤めている人で、将来、転職や独立を考えている人も、信用金庫に口座を開いて、今から実績（毎月の積み立て）をつくっておくといいでしょう。

信用金庫とメガバンクの口座をひとつずつ持ちなさい

信用金庫にもデメリットはあります。ネットバンクはあったとしてもメガバンクほどの使いやすさはないし、店舗も少ない。普段のお金の出し入れを考えると、やや不便です。

一方、メガバンクは全国にネットワークを持っているので、お金の出し入れは便利です。

インターネットで振り込みもできます。

投資信託など商品の品ぞろえも豊富です。

そこで、**私がおすすめしたいのは、〝きゅうふり口座〟を信用金庫につくり、緊急でお金の引き出しが必要なときのために、補完口座としてメガバンクを利用することです。**それぞれにひとつずつ口座を開設するわけです。

まとめると、こうです。

信用金庫…〝きゅうふり口座〟をつくる。月々の積み立て、公共料金やクレジットカードの引き落としなどは、すべてこの口座で行う。

メガバンク…すぐにお金を引き出さないといけないときのための口座。5万円、10万円などと金額を決めて、つねにこの金額だけを残しておく。使ったら、補填する。

これで、両方の銀行のメリットを有効に活用できます。信用金庫であなたの信用をつくりながら、要所要所でメガバンクの利便性を活用するのです。

時折、**三菱東京ＵＦＪ銀行とみずほ銀行など、２種類のメガバンクのカードを持っている人を見かけますが、これはほとんど意味がありません。**利便性だけなら、どちらか一方で十分ですし、「コツコツ戦法」で信用をつくるのは、どちらも難しい。

また、**ゆうちょ銀行とメガバンクの組み合わせも意味がありません。**ゆうちょ銀行には住宅ローンがありません（現在は、スルガ銀行のローンを代理業者として媒介している）。ゆうちょもメガバンクも、ともに特徴は「利便性」ですから、同じ性質の口座をだぶって持っているだけのことになります。

信用金庫とメガバンク、または信用金庫とゆうちょ銀行。これこそ、戦略性の高い組み合わせです。

答え

〝きゅうふり口座〟は信用金庫につくって、そこに積み立てて信用を築く。メガバンクやゆうちょ銀行は、緊急でお金を引き出すときのために活用する。

質問 4

普通預金と定期預金、お金が貯まるのはどっち？

「これからお金を貯めたい！」という段階では、毎月の手取りのうち20％を貯蓄にまわしたとしても、それほど多くのお金ではありません。それを定期預金にしても、大した利息はつかないので、わざわざ定期預金にするメリットは少ないでしょう。

それよりも、何かあったときのために、すぐに引き出せるお金を手元に置いておいたほうがいい。

ただ、普通預金の預金額が多くなると、使える金額が増えたような気になって、自然と気持ちが大きくなってしまいます。これがムダづかいの原因になります。

そのため、**普通預金にある程度のお金が貯まった段階で、その一部を定期預金に移すことをおすすめします。**目安になるのは、

「手元にいくら置いておきたいか」

です。その金額以上になったら、余剰分を定期預金にまわすわけです。

手元に置いておきたい金額は、人によって異なります。普通預金に２００万円なければ安心できない人もいれば、30万円あれば十分という人もいます。

まずは、自分が安心できる額を把握することが大事です。これはとても心理的なことです。過去の自分を振り返ると、**ある預金額を下回ったら、心にザワザワとした不安が起こったはずです。その金額が、あなたの下限額です。**

具体的な行動は簡単です。たとえば、安心できる金額が50万円の人であれば、普通預金の金額が60万円になったら、10万円を定期預金に移すだけ。

手元に置いておきたい金額は、年齢や家族構成などによって変わってくるので、段階的に引き上げていく必要があるでしょう。

「総合口座」なら、通帳1冊でなんでも管理できる！

普通預金から定期預金にお金を移すわけですが、それが別々の通帳だと面倒くさくて仕方がありません。

そこで**「総合口座」**を利用します。総合口座は、定期預金と普通預金が一体になったもの。同じ口座ですから、定期預金に振り替えるのも便利で、通帳も1冊で済みます。

総合口座には、ほかにも素晴らしい利点があります。それは、**自動融資をしてくれること**。通常であれば、定期預金は解約をしない限り、数年間は引き出すことができません。しかし、総合口座にすることで、定期預金を担保にお金を自動的に融資してくれるのです。

融資金額は各金融機関によって異なりますが、担保である定期預金の90％、または金融機関が定める最高限度額（三井住友銀行では２００万円）の範囲内で、しかも低金利で貸してくれます。

急にお金が必要になった場合、定期預金のお金を担保に、お金を一時的に立て替えてくれる。つまり、お金の流動性を確保したまま定期預金にすることができるのです。

定期預金を担保に普通預金が一時的にマイナス残高になったとしても、普通預金に入金があれば、自動的に返済してくれるので、うっかり返済を忘れてしまうという事態も避けやすいでしょう。

余ったお金を通常の定期預金や株、投資信託などで持っているよりも、総合口座の定期預金を活用するほうが、お金を貯めながら、不測の事態に対応できる安心を得られるわけです。

ただ、**融資については、低いといっても金利は発生します。すぐにボーナスが入る予定があるなど、入金のめどがある場合だけ活用するべきです。**返済期間を特に設けていない金融機関も多いので、何年も放っておくと貸越利息をずっと払い込むことになります。

「貯蓄預金」を使えば臨時支出があっても赤字にならない！

総合口座には、普通預金と定期預金のほかに、「**貯蓄預金**」というものもあります。この貯蓄預金を家計の管理で有効に使うことができます。

私が推奨するのは、**貯蓄預金で臨時支出を管理する方法。**家計の管理や家計簿についてては、Ｐａｒｔ２で詳しく見ていきますが、家計の中には友人への結婚祝いや出産祝い、賃貸マンションの更新料などの臨時支出があります。

いくらきっちり家計簿をつけて、収入と支出のバランスをコントロールしていても、臨時支出が発生したら、その月は赤字になってしまうことがあります。これによってお金を貯めるモチベーションが下がってしまうことも。

そうならないように、ベースの支出（食費や光熱費など）と臨時的な支出は、くっきりと分けたほうがいい。つまり、**臨時的な支出は、あらかじめ予算を立てておくのです。**

年間でかかる臨時的な支出は、おおよその予想が立ちます。


ご祝儀でいくら使いそうか？

マンションの更新料はいくらか？

固定資産税は？

自動車税や車検は？

帰省費用は？


それらを想定した合計金額を出し、**それを12か月で割った額を、毎月貯蓄預金に貯めておくのです。**たとえば、年間で30万円ならば、それを12で割った2万5０００円を毎月貯蓄預金に放り込むわけです。

もちろん、臨時支出は臨時収入（ボーナス）でまかなうという考えもアリです。両方組み合わせてもいいかもしれません。

とにかく、**ベースの支出と臨時的な支出を分けて考える。臨時的な支出を総合口座の貯蓄預金で管理する。**そうすることで、資金繰りが安定して、支出も安定してくるのです。元銀行員からすると、総合口座を使い倒さないと、もったいないとしか言いようがありません。

答え

「総合口座」をつくり、普通預金、定期預金、貯蓄預金の3種を使い倒す。普通預金には生活費と安心できる手元資金を、定期預金には余剰分を、貯蓄預金には臨時出費分を、それぞれ入れておく。

総合口座の3つの機能を使い倒す

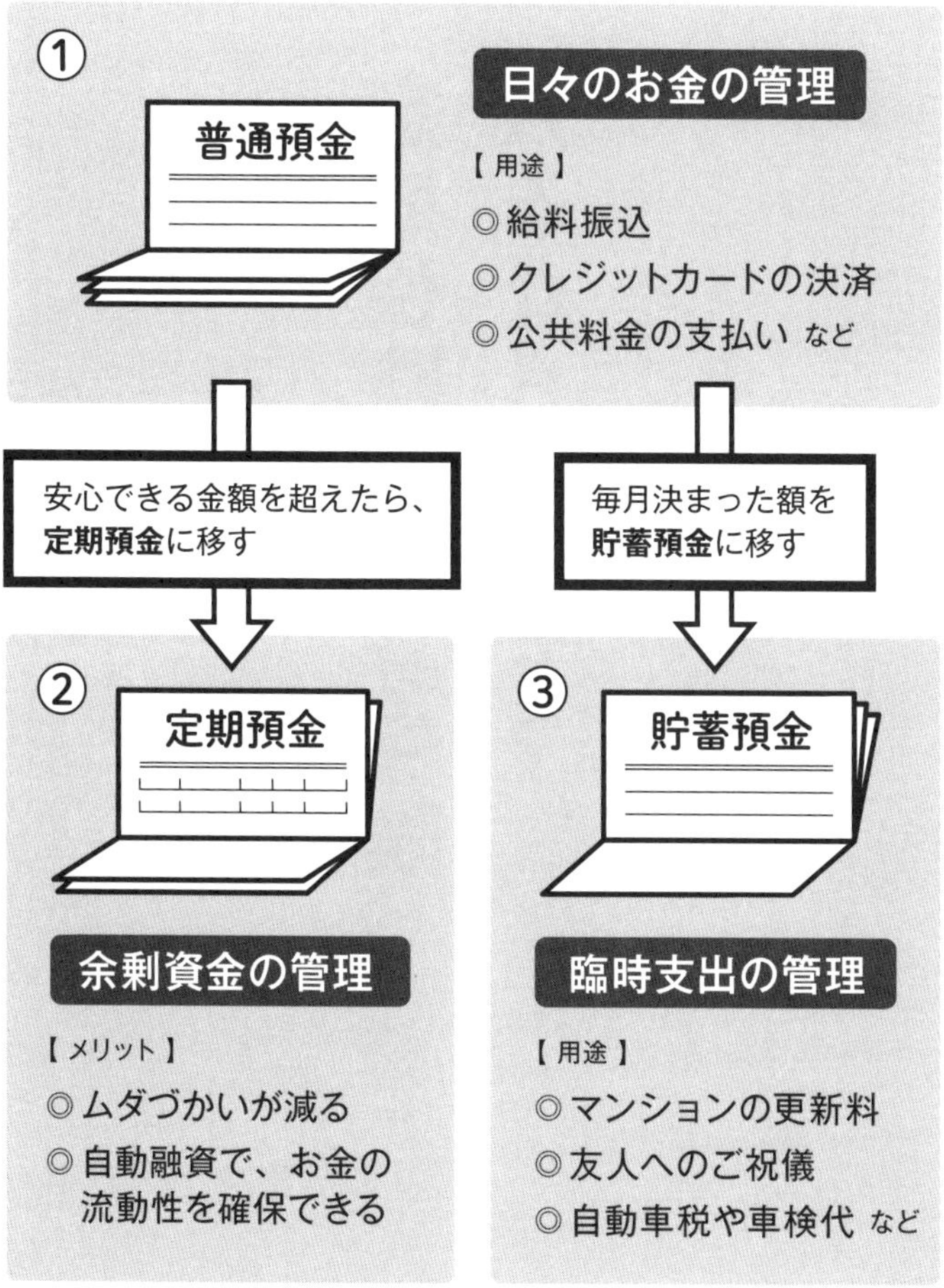
①
日々のお金の管理
普通預金
【用途】
◎給料振込
◎クレジットカードの決済
◎公共料金の支払い など
安心できる金額を超えたら、
定期預金に移す
毎月決まった額を
貯蓄預金に移す
②
定期預金
余剰資金の管理
【メリット】
◎ムダづかいが減る
◎自動融資で、お金の流動性を確保できる
③
貯蓄預金
臨時支出の管理
【用途】
◎マンションの更新料
◎友人へのご祝儀
◎自動車税や車検代 など

質問 5

定期保険と終身保険、入るならどっち？

使うお金をいかに抑えるか——。

お金を貯めるためには、収入と支出を管理して、できるだけ支出を少なくすることが大事です。わかっちゃいるけど、これがなかなかうまくいかないわけです。

なぜ、うまくいかないのか。

節約するポイントを間違えているからです。

毎月決まった額がかかる支出を**「固定費」**と言います。その中で、特に大きなものが4大固定費。

1 住宅費
2 保険料
3 自動車費
4 教育費

この4大固定費を節約することこそが、お金を貯める最短の道です。大根1本の値段をいくら節約しても、お金は貯まりません。家計に占める大きな支出を抑えるワザを身につけましょう。

私は、この4大固定費を手取り収入の50%以内にコントロールするというルールを自分に課しました。

これによって、貯蓄にまわす分を多く捻出できます。

もう一度、前ページの4大固定費を見てください。

3番の「自動車費」の節約の仕方は単純で、車を持たないか、持つにしてもできるだけ費用のかからない車を選ぶかしかありません。

4番の「教育費」は、子どもの教育にお金をしっかりかけたい、と考える親御さんが多いので、切り詰めるのは難しい場合も多いでしょう。私の場合、2人の子どもは中学まで公立に通わせました。

ただ、まだ未婚の若い人の場合は、そもそも教育費自体がかかりません。都会では車を持たない人も増えています。4大固定費のうち、3番と4番がそもそもかからない人もいるでしょう。

さて、**問題は1番の「住宅費」と2番の「保険料」です。**

4大固定費の中で、もっとも大きいのが「住宅費」。住宅費をいかに抑えられるかは、お金を貯める上で何より大切だと考えていいでしょう。そのため、これについては、Ｐａｒｔ３で徹底解説します。

安心と節約の一石二鳥にするには？

そして2番目に大きい固定費が「保険料」です。

毎月の支払いはそれほど高くないので、軽視している人も多いかもしれませんが、とんでもないことです。

人生のトータルで考えれば、住宅の次に大きな買い物なのです。**1世帯あたりの平均保険料は1年間で45万４０００円。30年間払ったら1千３６２万円もの金額を支払います。**にもかかわらず、よく考えずに、誰かにすすめられるままに保険に加入している人も多いのではないでしょうか。これはとても危険です。

保険は、大きく分けて2種類あります。**定期保険**と**終身保険**です。

定期保険は、死亡したときに、たとえば1000万円もらえるような保険です。**いわゆる掛け捨てなので、契約終了時にお金は戻ってきません。**月々の支払いは安く抑えられますが、大きい保障額に加入してしまえば、それだけ月々の支払いも高くなってしまいます。

また定期保険には、10年ごとにかならず見直しするような「10年定期保険」があります。

仮に32歳で保険に加入したら、42歳のときに見直しがあり、保険料は高くなります。**定期保険の保険料は、若いうちは安いのですが、歳を重ねるごとに高くなる仕組みになっているのです。**

一方、**終身保険**は、掛け捨てではありません。**将来の保険金支払いのために積み立てておく保険です。**

たとえば、1000万円の保障額の終身保険に32歳のときに加入して、振込期間が62歳までの30年間だとすると、1000万円を360か月の分割で支払っていることになります。

いつ死亡しても1000万円の保険金は支払われます。

さて、どちらがいいと思いますか？

保険は、迷わず「終身保険」にすべきです。

解約しても積み立て分が返金され、死亡した場合は満額おりるのですから、間違いはありません。しかも商品によっては保険の解約返戻金《へんれいきん》を担保に契約者貸付で解約返戻金の9割まで、お金を借りることができます。

また、銀行からお金を借りるときに書かされる金融資産の中に、この終身保険の解約返戻金は記入できます。

一方、「定期保険」は、「月々の支払いが安い」という売り文句に誘われ、「それなら毎月の家計が節約できるな」と判断して安易に加入してしまう人がいますが、先ほど書いた通り、10年ごとに見直しがあって、保険料は引き上げられていきます。

しかも、掛け捨てなのです。保険を解約しても、1円も返ってきません。

「終身保険」に入らずに、「定期保険」だけに加入している、という選択をしてはいけません。

ただ、この定期保険も活用の仕方はあります。

保険で必要なお金っていくら？

保険は、将来の不安を取り除いて、安心を買う商品です。

ならば、**「不安の正体」**を突き止めておく必要があります。不安の正体をお金に換算すると、**「自分が死亡したときに家族に必要なお金」**と言い換えることができるでしょう。

貯蓄はいくらあるか？

奥さんは働いているか？

子どもは何人いるのか？

家族のみんなの年齢はいくつなのか？

などを考えれば、自分が死亡したときに、残された家族にどれくらいのお金が必要か見えてくるはずです。

仮に自分が死亡したとき奥さんが働きに出るのなら、1000万円あれば足りるかもしれません。子どもが多く、幼いのなら、2000万円は必要かもしれません。

そういったことを夫婦で話し合って決めるわけです。こうして残された家族が暮らしていくのに必要な金額が決まったら、足りない分を保険でまかなうのです。計算式はこうです。

家族に必要なお金－《マイナス》（今持っているお金＋遺族年金）＝保険で必要なお金

遺族年金は公的年金として、かならずもらえるもの。家族に必要なお金から現在の貯蓄と遺族年金を引いたものが、保険で必要なお金になります。

保険で必要なお金が1000万円以内で済む人であれば、終身保険だけで十分でしょう。のちほど詳しく説明しますが、マンションを買って**「団体信用生命保険」**に加入すれば、あなたが死亡した場合、残りの住宅ローンは払わなくて済みます。この場合は、別の保険でまかなう分は1000万円以下で済むケースも多いので、「終身保険」だけで十分なのです。

ただ、保険金で1000万円以上必要な人は、「終身保険」だけでそれをクリアしようとすると、月々の支払いが3万円にも4万円にもなり家計を圧迫してしまう、というデメリットが生じます。

こんなときこそ、「定期保険」の出番です。まずは「終身保険」に入って1000万円の保険金を確保したのち、足りない分を「定期保険」でカバーする。こうすれば、最低限の掛け捨ての保険で、安心を担保することができるのです。

答え

保険は絶対「終身保険」にする。それだけでは必要な保険金をまかなえない場合だけ、「定期保険」で補完する。まずは、不安の正体を突き止めよ。

あなたに必要な保険金はいくら？

保険で必要なお金（A）

＝ イコール

家族に必要なお金

－（マイナス）（ 今持っているお金 ＋（プラス） 遺族年金 ）

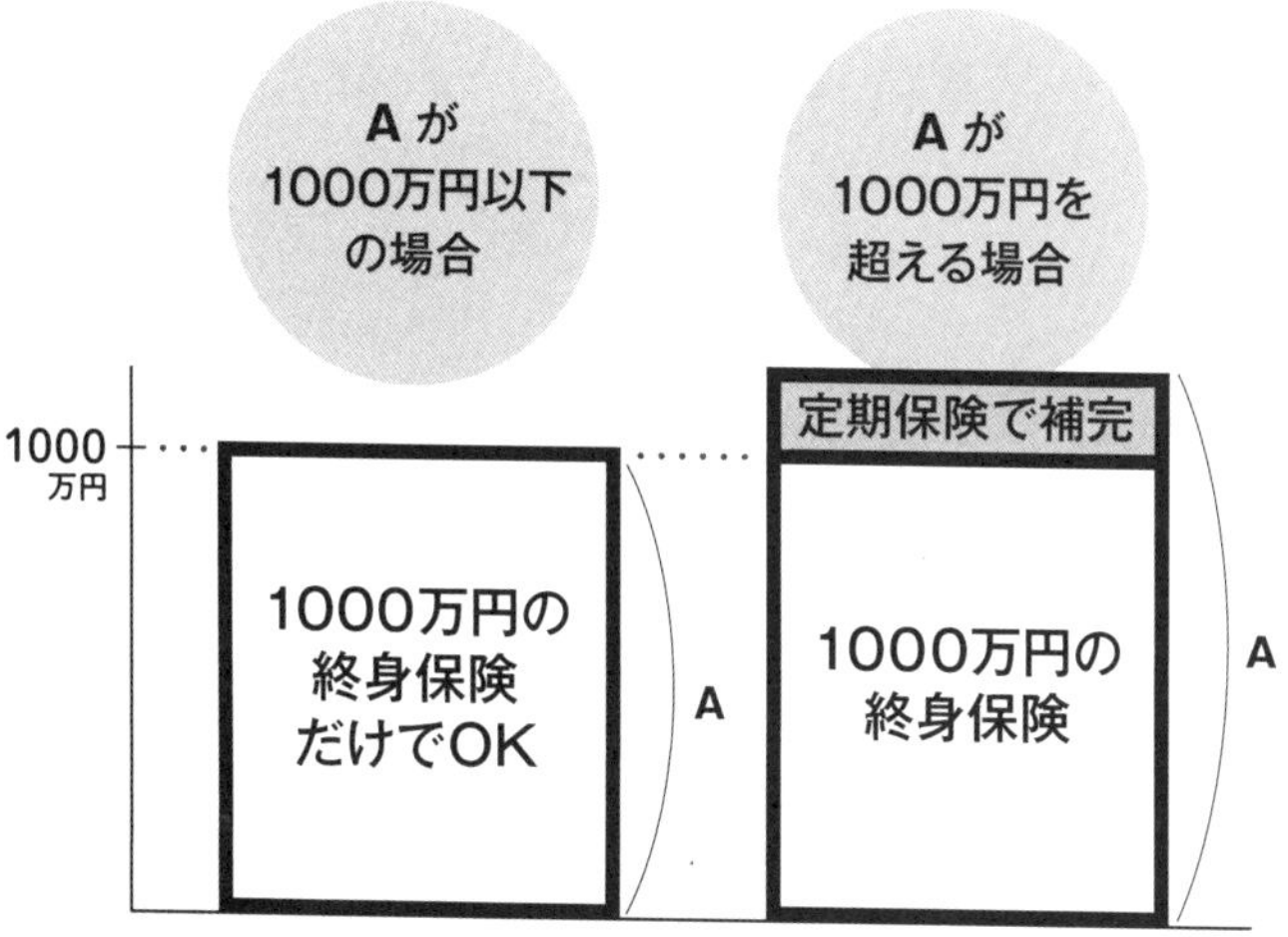

質問 6

保険は、若いうちに入るか、結婚してから入るか、どっち？

独身の人は保険に加入していないケースも多く見られます。

自分が死亡したとき、保険金を受け取る人がいないのであれば、あまり意味がないと考えているのでしょう。

しかし、前項で紹介したように、**「終身保険」は貯蓄の意味合いが強い保険です。ならば、お金を積み立てる感覚で加入したほうがいいと思います。**

その際の保障額は、あまり気にする必要がありません。

それよりも、前にも触れたように、**月々の保険料を自分の手取り収入のうち5〜7%に抑えるようにします。**手取りが20万円の人であれば、月々の保険料は1万円くらいが妥当です。

これなら、生活に大きな負担をかけることなく、安心を担保にしながら積み立てることができます。

くれぐれも月々3万円も5万円も支払うようなことはしないでください。毎月のキャッシュ・フローが破綻してしまっては、本末転倒です。

やはり1000万円保障の「終身保険」が妥当ではないでしょうか。

出産、住宅購入時には、保険を見直す

保険は一度入ってしまえば、終わりではありません。人生の節目で見直す必要があります。大きく見直すタイミングは2回。

まずは、結婚して子どもができたとき――。

これまで働いていた奥さんが一時的でも仕事を休むことになった場合です。また、子どもが生まれたら将来必要になる「教育費」も考慮しなければいけなくなります。前述の4大固定費の4番ですね。

そのため、一時的に保険の保障額を上げる必要があります。終身保険を増やすと、月々の保険料が高くなってしまうので、前項でお話ししたように、足りない分を「定期保険」で補完するようにします。

奥さんが再び働き始めて軌道に乗ったら、もっと安い定期保険に切り替えるか、こ

れを解約します。

次の保険の見直しのタイミングは、家やマンションを購入したとき——。

住宅を購入したときは、**「団体信用生命保険」**に加入できるからです。

「団体信用生命保険」とは、もし自分が亡くなったら、住宅ローンの借金がゼロになるというもの。

つまり、自分が死亡したら、奥さんはタダで家やマンションを手に入れることができるのです。「デュエット（夫婦連生団体信用生命保険）」と言って、奥さんが亡くなった場合でも、ご主人の住宅ローンの借金がゼロになる商品もあります。

4大固定費の中の一番大きな支出である「住宅費」がなくなるのですから、この保険には絶対に加入するべきです。

これによって、将来の選択肢は格段に広がります。

仮に夫婦どちらかが死亡したら、住宅ローンはなくなるわけですから、そのマンションを売って数千万円を手に入れ、賃貸マンションに住んで暮らすのもいい。

住んでいたマンションを人に貸し、新たにマンションを購入して、家賃収入でそのローンをまかなっていけば、1円も使わずに2つのマンションが手に入ります。

このように「団体信用生命保険」に加入すれば、保険でまかなうべき金額はぐんと減ります。住宅を購入したら、一時的に加入した「定期保険」を解約し、「終身保険」だけにすればよいでしょう。

保険は1000万円保証の「終身保険」をベースにして、子どもが生まれたら「定期保険」で補完し、住宅を購入したら「定期保険」を解約する（もしくは減額する）。人生の節目節目で「定期保険」で保障額を上げ下げしながら、「終身保険」は貯蓄としてずっと持っておくわけです。

答え

若いうちから1000万円保障の「終身保険」に入るべき。人生の節目には、「定期保険」を活用しながら、全体の保障額を調整する。

質問 7

保険会社とファイナンシャルプランナー、ライフプランを相談するならどっち？

ここまで読んで、こう感じる人がいるかもしれません。

「〝家族に必要なお金〟と言われても、いくらなのかわからない……」

たしかに将来にわたっていくら必要で、そのうち保険でいくらまかなえばいいのか迷ってしまう人もいるでしょう。こんな場合は誰かに相談したいものですが、いったい誰に相談したらいいのかすらわからないものです。

保険のことだから、保険会社に相談すればいいのか？

確かに保険会社に相談をすれば、あなたの人生設計をヒヤリングしながら、夫婦やお子さんの年齢を考慮して、将来にわたっていくらくらい必要かを計算してくれます。「２０２０年に小学校入学で塾のお金がいくら……２０２６年には中学入学、このとき私立なら入学金がいくら……２０４０年にはあなたが定年退職で……」という具合です。

これによって、**保険でまかなうべき金額をあなたは把握できるはずですから、保険会社を活用するのはベターだと思います。**

ただ、ここで注意が必要です。保険会社は保険を売るのが仕事です。あなたもご想像の通り、相談に行けば、当然、商品の営業をしてきます。では、**彼らが何をすすめてくるかというと、「定期保険」の可能性が高い。**保険会社にとってもっとも儲かるのは「定期保険」です。掛け捨てですから、ほぼそのまま利益になります。

複数の保険会社の商品を扱っている、一見中立的な保険代理店もありますが、実際は保険会社から販売手数料をもらっているため、そのマージンが大きいところの商品をすすめる傾向があります。

では、独立系のファイナンシャルプランナーなら中立なのでしょうか？　いえ、ほとんどのファイナンシャルプランナーは中立とは言えません。保険会社同様に、あなたのライフプランをヒヤリングしながら、将来にわたって必要なお金、保険でカバーすべきお金を算出してくれますが、**そこですすめてくる商品は、結局、保険会社から販売手数料をもらっている商品です。**

そうしなければ職業として成り立たないのです。保険の〝売り子〟のようなファイナンシャルプランナーも、残念ながら一部に存在しています。

ライフプランをつくってみよう！

ならば、上手に活用すればいいのです。保険会社やファイナンシャルプランナーに保険で必要な保障額を算出してもらったら、あとは自分自身で**「終身保険」**をベースに商品を選ぶのです。

大切なことは、「すすめられる保険にその場で加入しない」「理解できない商品は買わない」「売り手のセールストークを鵜呑みにしない」と、あらかじめ決めておくことです。相談しても、その場では絶対に加入せず、あとからじっくり考えて選ぶ。

さらに、「相談に行くなんて面倒！」と感じる人もいると思うので、次ページには、夫婦と子ども2人の家族の典型的なライフプランを図解にしました。

いつ住宅を購入して、子どもが大学に入るときにいくら必要か、図を参考にしながら、自分のライフプランをつくってみてください。これによって、保険で必要な金額も算出できるはずです。

◎ すぐに奥さんが働きに出るなら、
とりあえず1年分の支出を保険でカバーする

◎ **1年分の支出が1000万円を超える年**は、定期保険で補完する

◎ それ以外は1000万円の終身保険で大丈夫

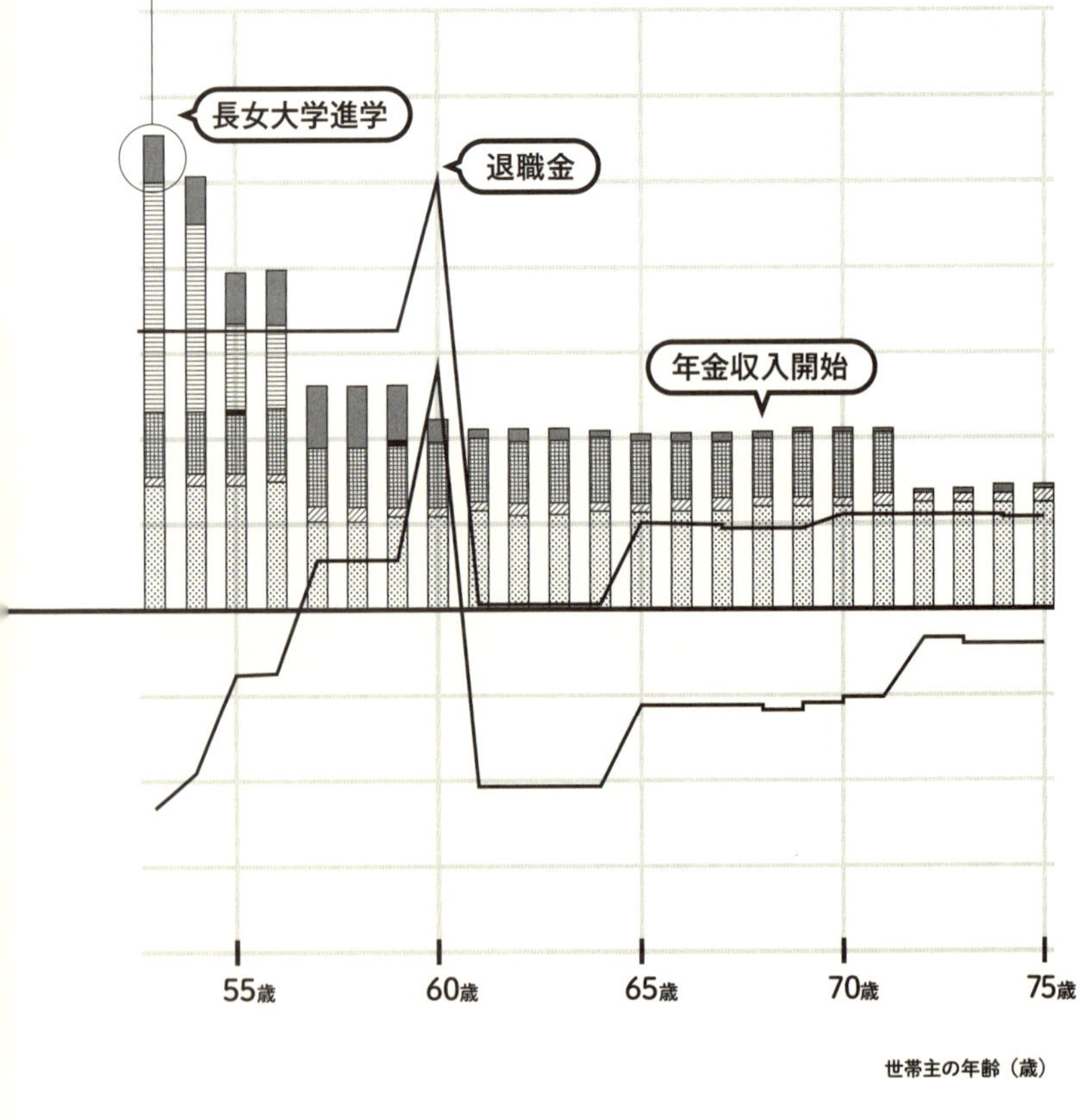

夫婦と子ども２人のライフプラン

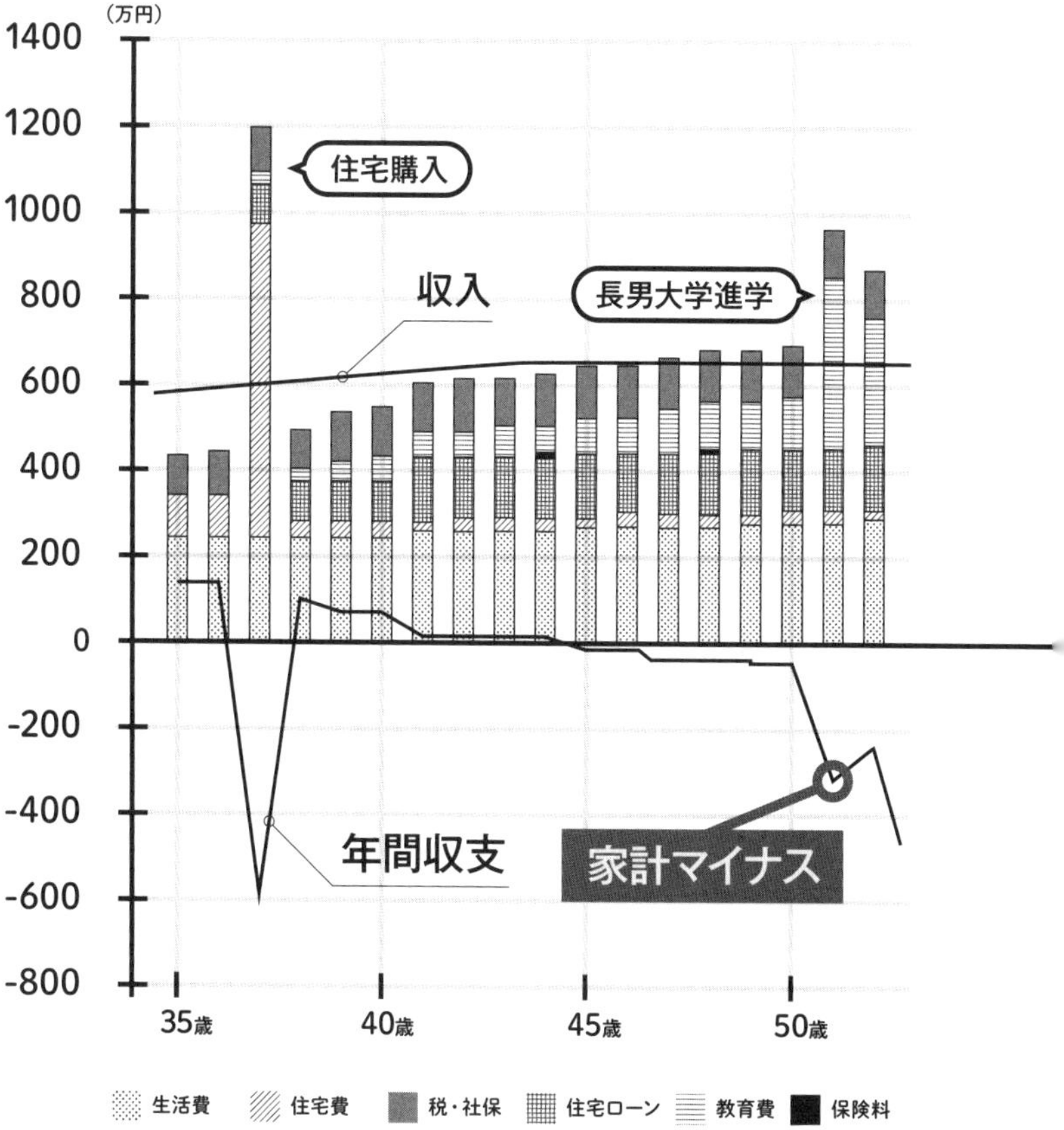

インターネットの保険会社を利用する

繰り返しお話ししている「終身保険」をベースにして、「定期保険」で補完するという方針を頭に入れ、さらに自分のライフプランをつくったら、いよいよ保険会社を選択する段階です。

私は、**インターネットの保険会社を活用することをおすすめします。**営業マンがいないため、営業コストがかからない分、同じ内容の保険であっても、保険料が安いというアドバンテージがあります。

何より、ムダな保険をすすめられることがありません。

たとえば、ライフネット生命保険の岩瀬大輔社長は、日本の保険のコスト構造に疑問を持ち、本来あるべき姿、すなわちコストの安い保険を多くの人に提供しようという志で頑張っています。

日本の保険の販売手数料ほど、不透明なものはありません。不動産でさえ、手数料は物件価格の3％＋6万円と決まっているのに、保険がどういったコスト構造になっているのか、まったくわからないのです。
先ほどからお伝えしている保険の仕組みを知っていれば、ネットで十分です。必要な保障額に見合った「終身保険」（場合によっては、プラス「定期保険」）を選んでください。

答え

保険会社、ファイナンシャルプランナー、どちらに相談してもOK。ただし、その人のすすめる保険商品をすぐに買ってはいけない。インターネットの保険会社で、「終身保険」をベースに選ぶ。

質問 8

銀行系列のカードローン、キャッシュカードのリボ払い、得するのはどっち？

少し前までは、消費者金融から気軽にお金を借りるようなことはありませんでした。
ところが、自動契約機での手軽さ、軽快なテレビCMの効果もあり、消費者金融を利用する壁が低くなってしまいました。
最近では、これら消費者金融は、ほとんどが銀行と提携することで、子会社化しています（〇〇銀行ファイナンシャルグループなど）。
そのためか、カードローンに対する警戒心がなくなってしまった人もいるのではないでしょうか。

「銀行がやっているのだから大丈夫」と。

当然、テレビCMもそこを突いてきます。いくら印象が良くなったとしても、悪い借金は悪い借金です。金利の高い借金であり、新たにお金を生まない借金でしかありません。

金融業界の常識に、**「72の法則」**というものがあります。これは「72÷金利＝お金が2倍になる期間」を表しています。たとえば、**金利が7・2%だと、10年で借金が倍になるのです。**１００万円を金利7・2%で借りると、10年後には借金が２００万円になる。つまり、利子だけで１００万円も取られてしまうのです。

7・2%ですら、そのような状態になるのに、それよりも高い金利で借金することは自殺行為です。銀行系列だからといって、だまされてはいけません。

どんなにほしいものがあったとしても、我慢しなければいけない。いくら銀行がすすめてきたからといっても、それに乗ってはダメ。自分で積み立てたお金で買わない限り、お金は絶対に貯まりません。

銀行はお金を貸せなくて困っている⁉

今、銀行は余剰資金が余りに余っています。貸すところがなくて困っているので、結局国債を買うしかない。本来は企業に貸したいけれど、企業も内部留保しているため、なかなか借りてくれないのです。

ほかに貸すところは、住宅ローンくらいしかありません。ところが、住宅ローンは

1%を切るような低金利ですから、原価スレスレの状態です。人件費を考慮したら、ひょっとしたら利益はないかもしれません。

結局のところ、**カードローンしか貸せるところがないのです。**だから、銀行は必死でカードローンを契約させようとしてきます。

でも、これは銀行の都合であって、私たちの人生にはまったく関係のないこと。**「あなたのたくましい安定収入を俺にくれ」**という話ですから、そんな話に乗ってはいけません。

クレジットカードのリボルビング払い(リボ払い)もダメ。リボ払いの金利もとんでもない金利(12~18%)です。絶対に利用してはいけません。

そう、今回の質問の答えは、どちらも利用してはいけないということになります。

もし1回でも、キャッシングを利用してしまったら、それは実績として残り、あなたの信用毀損《きそん》になってしまいます。これが将来、銀行から住宅ローンを借りる際や事業資金を借りる際に、ダメージとして重くのしかかります。

少額なら見逃してくれるケースもありますが、少なくともカードローンでお金を借りる**「破綻の可能性のある人」**と見なされます。

考えてみると、めちゃくちゃな話ですよね。

銀行の子会社では、お客様にガンガンお金をキャッシングさせ、親会社はそれを信用毀損ととらえる。ひどい話ですが、これが銀行の実態なのです。

銀行とあなた、「どちらも得する」なんてない！

銀行は「あなたの資産形成をお手伝いします」と言っていますが、そのような気持ちはほとんどないと思ったほうがいい。

カードローンを売っていること自体が、その証明です。カードローンを利用して、資産が形成されるはずがありません。

もし本当に資産形成の手伝いをしてくれるなら、

「積み立てをしましょう」

と言うはずですが、そんなことは言いません。なぜなら、銀行にとって積み立てはまるで儲からないからです。逆に、利息をつけなければいけないため、「負債」になってしまいます。

あなたの「資産」は、銀行の「負債」。逆に、あなたの「負債」は、銀行の「資産」なのです。WIN-WINなどということはありえません。

最近の銀行のテレビCMの言う通りにしていたら、資産形成など、夢のまた夢でしょう。

銀行が投資信託を売りたい本当のワケ

銀行は**「投資信託」**を売りたがります。

これは、手数料を取りたいから。**銀行員が言う〝いい商品〟は、〝手数料が高い商品〟ということです。**売れ筋商品と言っていますが、単に売りたい商品が上位にきているだけだと認識しておく必要があります。

投資信託には、インデックス型とアクティブ型があります。インデックス型は、たとえば日経平均に連動して上げ下げするもの。これは機械的に行われるため（わざわざ銘柄の入れ替えをする必要がないため）、手数料が安く設定されています。

一方、アクティブ型はファンドマネージャーが選んだ銘柄を出し入れしながら運用しているもの。インデックス型よりも高い運用利回りを狙っているわけですが、残念ながらインデックス型を上回る銘柄は少ないのが現状です。

ところが、**アクティブ型のほうが手数料が高い。インデックス型は1％なのに対し、アクティブ型の多くは3％。** 100万円買うと、アクティブ型は最初に3万円を取られてしまいます。

当然ながら、銀行はアクティブ型を売りたい。より多くの手数料を取れるからです。 ですから、銀行員は積極的にアクティブ型をすすめてきます。保険会社系の販売員も同様です。手数料の安いインデックス型を懸命に売る銀行員などほとんどいません。

銀行は、安い金利でお金を貸してくれるところであり、あなたの資産形成においてきわめて重要な位置を占めています。

しかし、すべての銀行員があなたの資産形成を親身になって手伝ってくれるわけではありません。こと資産形成においては、銀行とはほどよい距離を置きながら、かしこくお付き合いすることがとても重要なのです。

答え

カードローン、リボ払いはいずれも手を出しちゃダメ！　銀行の「資産」はあなたの「負債」、あなたの「資産」は銀行の「負債」、と心得よ。

Part 2

お金が貯まる「生活習慣」は、どっち？

金を愛する
だけではダメだ。

金に愛されるように
ならないと。

――ネイサン・ロスチャイルド（銀行家）

質問 9

長財布と折りたたみ財布、お金が貯まるのはどっち？

長財布にするか、折りたたみ財布にするか——。どちらでもいいように感じるかもしれませんし、財布の長短によってお金の貯まり方が変わるはずもありません。

しかし、です。私が銀行員時代から今までお会いしてきた成功者のほとんどは、長財布を使っていました。**お金持ちは長財布。**こう言い切って間違いありません。

では、なぜ、成功者は長財布を使うのか？　これにははっきりした理由があります。

その人が「お金をどう扱っているのか」ということが、財布にあらわれるのです。

お金は、一生懸命働いたことで得られる大切なものです。昔から「1円を笑うものは、1円に泣く」と言われますが、それくらい丁寧に扱うべきもの。銀行に入社すると、お金の扱いの大切さを徹底的に叩き込まれます。

成功者たちは、お金の大切さをよくわかっている。だからこそ、折らずに、お金にとって心地のいい環境である長財布を使うわけです。

先日、テレビに松居一代さんが出演されていたのですが、彼女は財布をすごく大事にしていました。財布に布団を掛け、毎日「大好き」と語りかけています。そこまでする必要はありませんが、これは彼女がお金を大事に扱っていることのあらわれです。

財布は、お金の家です。

人が、住みやすく心地いい住宅を好むのと同じで、お金にも心地いい環境を与えてあげることです。お札に、折った状態で窮屈に過ごさせるのではなく、手足を伸ばした状態で、きれいなまましまってあげる。こういうことを意識することで、あなたのお金への姿勢がいい方向に変化してくるはずです。

お金は、大事にする人のところに集まる

男性が折りたたみ財布にする理由は、お尻のポケットに入れることで、手ぶらになりたいからではないでしょうか。でも、お尻に敷かれた財布はかわいそうです。

また、**レシートやポイントカードでパンパンに膨らんだ財布を見かけますが、これもやめたほうがいい。**人がゴミだらけの家に住みたくないのと同じように、これではお金がかわいそうです。

お札は長財布に入れて、左の胸ポケットにしまう。自分の大事な心臓の近くに置い

ておくことが、お金を大事に扱っている意識を高めます。レシートやカード類は必要なものだけになるよう整理し、いつも清潔にしておくべきです。

何も、高価な財布を買う必要はありません。安価なものでもいいし、誰かからプレゼントしてもらったものでもいいですから、とにかく大事に使うことです。

私の財布は、10年ほど前に購入したものです。これを今でも、大切に使っています。財布を大切に扱ってきてわかったことは、これによってお金も大切に扱うようになり、**ムダづかいも減ることです。**

お金を愛おしく思っているのですから、本当に必要なものがあるとき以外は、お金をできるだけ使いたくなくなるのが人間の心理というものです。お金は、大切に扱えば扱うほど、貯まっていくのです。

答え

財布は、長財布を使う。「財布はお金の家」と考えて丁寧に扱うことで、お金は貯まっていく。

質問 10

コンビニと銀行、お金をおろすならどっち？

この質問には、多くの人が「銀行」と答えるのではないでしょうか。はい、確かに、お金は銀行でおろすべきです。では、なぜ銀行でおろすべきなのでしょうか？

私は、この原稿を執筆中に、その理由をためしに何人かに聞いてみました。するとみなさん、一様にこう答えました。

「コンビニに行くと、ついついほかの買い物もしてしまうから節約できない」

そう！　その通りなんです。コンビニが銀行のＡＴＭを置いている最大の理由は、〝ついで買い〟をしてもらうためです。

お客様に、ＡＴＭでの引き落としや公共料金の支払いの目的でコンビニに来たとき、ついでにお茶やガム、日用品などを買ってもらう。ＡＴＭを呼び水にした集客こそが、コンビニの根本的な狙いです。

家計簿をつけてみればよくわかりますが、意外にもコンビニで使うお金が多いことに驚くはずです。お金をおろすついでにいろいろ買い物をしてしまう。

中には、コンビニだけで、月５万円以上ものお金を使っている人もいるのではないでしょうか。だからこそ、コンビニのATMを利用することは危険なのです。

なぜ、銀行はコンビニにATMを置いたのか？

先ほどは、コンビニがATMを置く理由を説明しましたが、一方で、**銀行がコンビニにATMを置く理由はご存じでしょうか。**

あなたはお金を何時におろしますか？　昼間は働いている人であれば、銀行のATMコーナーが終了した18時以降に利用することが多いのではないでしょうか。また、土曜や日曜日などの朝、出かける前におろしていないでしょうか。

お金をおろしたいと思う平日の夜や週末は、銀行は**「業務時間外」**です。

この意味がおわかりになりますか？　コンビニのATMであろうが、銀行のATMであろうが、銀行は時間外には**「手数料」**を取ります。

そうです。**銀行は、自分たちが休んでいても、ATMで手数料収入を得る仕組みをつくっているわけです。**

これが、銀行がコンビニにATMを置き始めたそもそもの理由です。さらに最近では、コンビニでおろすと、時間に関係なく手数料がかかるようになりました。

たかが105円の手数料ですが、月に10回も引き落とせば1050円。年間にすると、1万2600円にもなります。10年間で、12万6000円です。それでも手数料なんて微々たるものと言えるでしょうか。

また、時間外手数料になると、210円のところも多くあります。さらに2倍の手数料がかかることも考えてみてください。


銀行によっては、クレジットカードがセットになっているようなキャッシュカードもあります。

それなら時間外手数料がゼロですから、有効に利用してもいいでしょう。中には、4回までなら時間外手数料がかからないものもあります。

では、「銀行でおろす」は本当に正解なのか？

ここまで読んできたあなたは、問答無用で、「そりゃ、銀行でおろしたほうが得なのはわかるよ」と感じたかもしれません。しかし、ここからがもっとも大切なポイントです。

じつは、コンビニでおろそうが、銀行でおろそうが、お金を貯めることに無計画な人は、いずれにしろ「アウト！」なのです。

どういうことでしょうか？

コンビニでおろすことの最大の問題は、ついで買いでも、手数料でもありません。**「無計画」なこと**です。

あなたがコンビニでお金をおろすときのことを思い出してみてください。どんなときにおろしに行きますか？

「そんなのお金が必要なときに決まってるじゃない」

と言うかもしれません。じつは、それこそが最大の問題です。

「お金は必要なときにおろす」ではいけないのです。

毎月、どのようにお金を使うか、いくらの予算でやりくりするかを決め、あらかじめ必要な金額を４週で割り、「毎週月曜日に１万円おろす」という具合に計画性をもって管理しないといけません。

「今週は、いくらで生活する」と決めるのです。計画性を持ってお金を使う、お金をおろす、ことでお金は貯まっていきます。

正直に言って、20代のころの私は、そんなこと考えたこともありませんでした。使いたい分だけ使っていましたし、足りなければ、その分稼げばいいと思っていました。

しかし、30代になって家族を持ったとき、自分でいろいろなルールを決めました。手取り収入から30％を天引きして貯蓄することもそうですし、毎月の小遣いを６万円と決めたのも、そのひとつです。

なぜなら、そうしなければ、決してお金が貯まらないからです。**私は、毎週月曜日の朝に、１万５０００円をおろして、それで１週間をやりくりしていました。**

¥ お金が貯まる人の行動パターン

① 毎月の予算を決める

② 予算を4週で割る

たとえば……

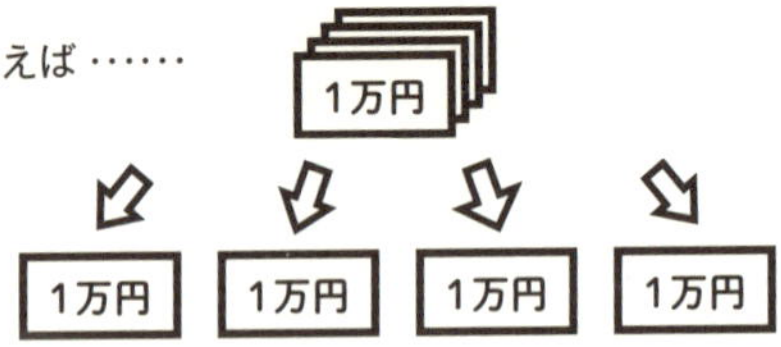

③ 毎週月曜日に銀行で1万円をおろす

毎週月曜日に!

「必要なときにコンビニでおろす」は最悪!

1万円で1週間をやりくりする
↳ 計画性が大事!

たとえ、コンビニではなく、銀行であっても、計画性なくお金をおろすのでは意味がありません。毎週決まった曜日に、決まった金額をおろしてください。

答え

コンビニであろうと銀行であろうと、無計画にお金をおろすのはダメ！　毎月の予算を決め、それを週ごとに分割して、毎週月曜日に必要な金額を「銀行」でおろすようにする。コンビニでおろすと、〝ついで買い〟をしてしまうので注意。

質問11

コンビニで払うなら現金とクレジットカード、どっち？

Part1で「クレジットカードは2枚にしぼるべき」と言いましたが、**このうちの1枚は、できる限り使い倒すようにします（もう1枚は自宅に保管）。現金とちがって使った履歴が残るため、家計の管理がしやすいからです。**

とにかく記録を残すこと。

お金を貯めるためには、記録を残し、家計の現状をつねに把握しながら、毎月の支出を調整することが重要です。

私はコンビニであってもクレジットカードで支払っています。

日々の細々とした買い物ほど、何を買ったのかわからなくなってしまうためです。これらの支出を、いちいち記録するのはかなり面倒です。**面倒なことは続かない。だから、お金が貯まらないのです。**

ちょっとした買い物にクレジットカードを使うのをはばかられる人もいるでしょう。現金で支払うほうが簡単ですし、店員さんの手間も省けます。

でも、そんなことよりも、自分の家計を管理するほうがはるかに大事です。

クレジットカードであれば、毎月、利用明細が送られてくるので、記録するのがとても簡単です。

ただ、どうしても現金でなければいけないという場合があります。また、人によっては使いすぎが怖くてクレジットカードを毛嫌いしている人もいるでしょう。

そういう場合は、**かならずレシートをもらうようにしてください。**自営業の人は、自分で確定申告を行うためにレシートや領収書をもらう習慣がある人が多いですが、会社員や主婦の多くは、もらったレシートをすぐに捨ててしまいます。

コンビニには、レジの脇にレシート用の小さなゴミ箱が置いてあり、いつも捨てられたレシートであふれています。

しかし、レシートを捨ててしまっては、支出の管理ができません。これでは、お金は貯まらない。また、管理能力の低い人に、銀行はお金を貸してくれません。

お金を貯めたきゃ家計簿をつけなさい

とりあえず、**3か月だけでいいので、**家計簿をつけてください。

つけるのは月に1回で構いません。

すると、自分が何にお金を使っているのか、一目瞭然になります。

ダイエットと同じ。毎日の体重と何を食べたかを記録することで、自分の体重とその食事が何キロカロリーかが気になってきます。自然と、自分で体重が増えないようにコントロールできるようになる。

実際に、私は体重を記録することで、ダイエットに成功しました。79キロあった体重は、70キロまで減り、現在も維持しています。記録をつけていると、不思議なことに食欲よりも体重が減ったことの喜びのほうが大きくなります。やせたい気持ちが、食べたい気持ちよりも強くなりました。

家計も同じです。**記録をつけることで、自然と節約力が高まり、本当に必要なものだけにお金を使うようになります。**

また、最初は3か月だけのつもりで始めた家計簿も、お金が貯まる喜びによって、その後も続くようになります。これによって、さらにお金が貯まる、といういい連鎖が起こるのです。

レシートを簡単に管理できる裏ワザ

家計簿をつける上でラクなのが、先ほどお伝えした、なんでもクレジットカードで買う方法です。

利用明細が送られてくるので、そのまま家計簿に記入すればいい。

一方、現金で買った場合のレシートの管理をどうするか。これが、けっこう面倒で、多くの人が嫌がります。財布の中に入れて、どんどん財布が太ってしまう……。

こんなことを避けるために、**レシートの管理を「仕組み化」してしまえばいいのです。まず、昼食代、日用品代、飲み代、書籍代、光熱費、車代など、項目別に箱をつくります。**自分のお金の使い方を思い浮かべ、どんな項目をつくるか考えてみてください。**次に、この箱を自宅の目立つ位置に、置いておきます。**

あとは、外から帰ってくる度に、この箱にレシートを放り込んでいけばいいのです。それぞれの箱に、単に上に重ねていけば、手間なく時系列に並べることができます。これで、あとから家計簿をつけるとき、項目ごとに仕分けする面倒を省けます。

『ファイナンシャルアカデミー』を主宰されていて、ベストセラー作家でもある泉正人さんは、**ペットボトルを切ったものにレシートを入れる**ことを推奨しています。透明な箱のほうが中身が見えるため、より意識しやすいのだそうです。

ひとつの箱を項目ごとに区切ってもいいし、項目ごとの箱を用意してもいい。自分のやりやすい方法を試してみてください。

そして、月末にそれらを整理し、家計簿をつけます。毎月、支出を見直して、ムダなものがないかをチェックするわけです。

答え

お金を貯めるには、家計簿をつくって、支出をチェックしなければいけない。クレジットカードを使い倒して利用明細をもらうと、家計簿の管理がラク。現金で払う場合はレシートをもらい、項目ごとに仕分けしておく。

質問 12

お金の話をする人、しない人、貯まるのはどっち？

銀行というところは、本当に銀行員のモチベーションを上げるのがうまい組織です。

そのひとつが〝日足《ひあし》管理〟——。

月の定期預金の目標（ノルマ）が5000万円だったとすると、それを日で割ります。月の営業日の25日で割ると、1日の目標は200万円になります。

黒板に目標額がグラフで書かれて、実績がそのグラフにトレースされる。自分がどれだけ目標に達していないか、一目でわかるようになっているわけです。

要するに、実績が〝日足〟のグラフ線よりも下回っていれば、借金があるようなもので、挽回しなければいけないとモチベーションが上がります。

銀行の日足グラフ

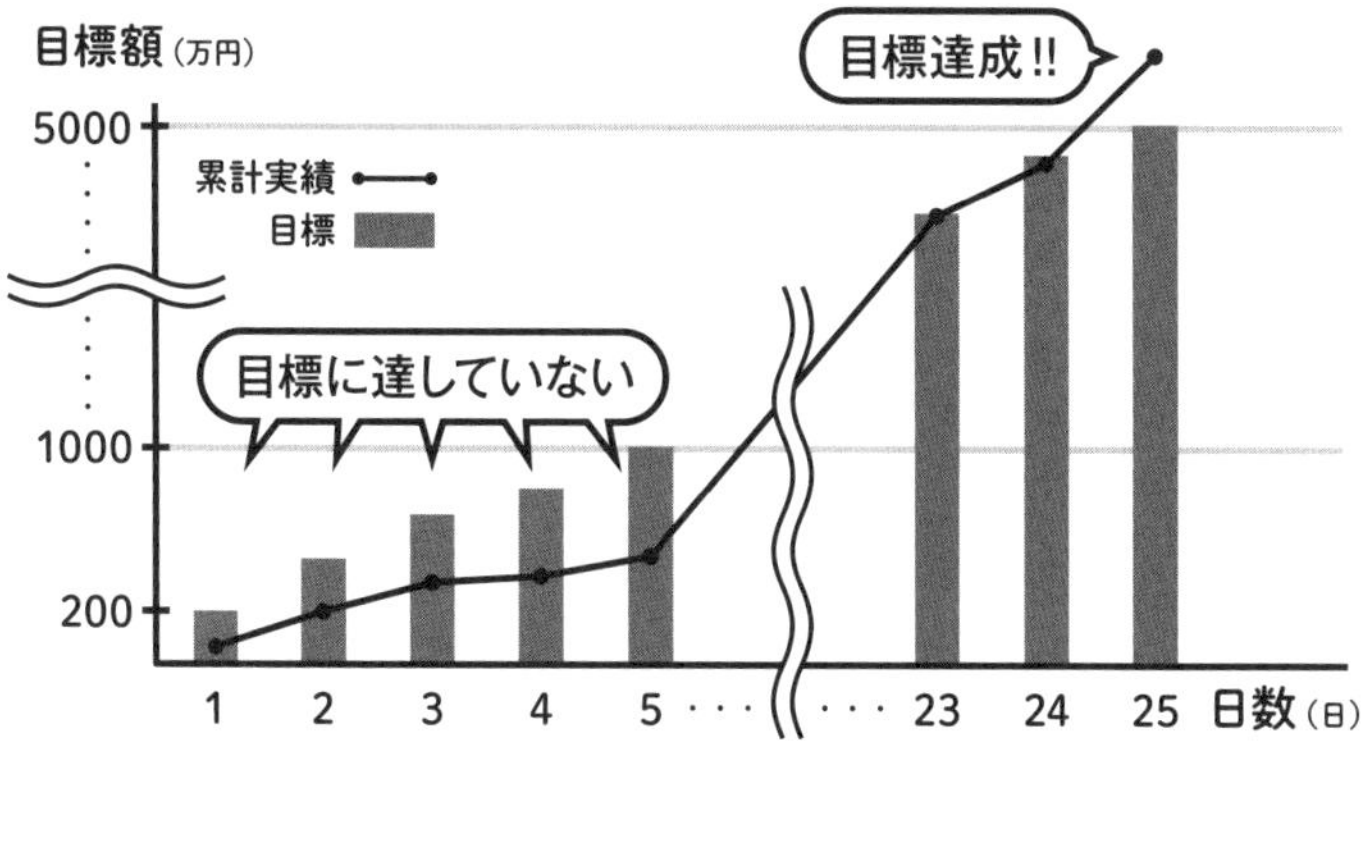

元銀行員である私は、当時、この方法を家計にも応用していました。さすがに小遣いを〝日足〟にすると、飲み会などのイベントがある日とそうでない日の差が激しくなるので、**〝週足〟**で管理していました。

結婚当時の私の小遣いは月６万円。週で１万５０００円ですが、週末に５０００円かかる飲み会があれば、その分を取っておかなければなりません。

ということは、その週に使えるお金は１万円。７日で割って、日々使えるお金は１４００円程度になります。

もし飲み会が４５００円で済んだなら、５００円の繰越になる。週の予算が

¥ 小遣いを週足で考える

1週間の小遣いが1万5000円の場合

	予算	実績
月曜日	1400円	1000円
火曜日	1400円	1200円
水曜日	1400円	1500円
木曜日	1400円	800円
金曜日	6400円	5700円
土曜日	1400円	1800円
日曜日	1600円	1000円
合計	15000円	13000円
繰越		2000円

金曜日は飲み会プラス5000円の予算を計上 ⇒ 金曜日

残りの1万円を7日で割って予算を立てる

予算達成！（月曜日）

予算オーバー！（水曜日）

2000円の繰越！

1万5000円に対して、実績が1万3000円であったら、2000円の繰越になります。

これがゲーム感覚で楽しい。月の繰越額が5000円にもなれば、それが嬉しくて仕方がありません。この5000円が愛おしくすらなります。こうしてお金が貯まっていきます。

お金の管理をあえて「公表する」

こうしてお金が貯まってきたことを、みんなに内緒にする人と、公言する人がいます。では、どちらがさらにお金が貯まりやすいと思いますか？

私は、「公言する人」だと考えています。何も自慢げに話せ、ということではありません。**公表することで、自分のモチベーションを上げることにつなげるのです。**

銀行では、毎週月曜日に朝会があり、そこで目標に対する進捗を発表させられます。目標5000万円に対して、現在2500万円だったとすると、「残りの2500万円については、どこそこに4500万円の材料があるので、ここで消化します」などと言わされるわけです。それによって、自分を追い込み、モチベーションを上げるのです。

ですから、

「俺、今週1万5000円で過ごしているんだ」

と公言してもいい。公言すれば、モチベーションが高まります。

そして、思わぬ効果もあります。**お金を貯めていることを公表することで、不要な飲み会や行きたくもないゴルフに誘われなくなるので、ムダな出費が減るのです。**誘われたくない人に、あえて公言するのも効果的です。

私は銀行員時代、よくセミナーに行っていました。

水曜日はセミナーに行くと宣言していたので、みんなに気兼ねなく、会社を早く出ることができました。それが知れ渡ると、同僚から「今日は水曜日だから、そろそろ帰ったほうがいいんじゃないの?」と言ってもらえるまでになりました。

公言することのメリットは、モチベーションが高まるだけでなく、周囲があなたに協力してくれるようになることです。

フェイスブックで友達限定公開にして、貯金状況などを発表するのもおもしろいかもしれません。

「今月は５０００円の赤字でした！」などと言って、家計簿の一部を掲載したり、昼ごはんの写真だけでなく、値段まで記入したりする。「こんなもの買ってしまいました」というのも、性格が出るのでおもしろいと思います。

そのうち、友人から「レシートの管理なら、こんなグッズが便利だよ！」などと、お金に関する情報をもらえるようになるかもしれません。周囲があなたを応援してくれるようになれば、あなたのモチベーションもさらにアップするはずです。

答え

お金の話を公表すると、モチベーションが上がり、まわりの人も協力してくれるようになる。

質問13

Suicaをチャージするなら1000円と1万円、どっち？

ＳｕｉｃａやＰＡＳＭＯ、ＩＣＯＣＡといった電子マネー。今では多くの人が利用していると思います。

これをチャージするとき、あなたはいくらにしていますか？

1000円？

2000円？

3000円？

5000円？

それとも、1万円？

いったいいくらがいいのか。ここでは、このチャージ金額の問題を考察してみたいと思います。

毎回1000円や2000円ずつチャージする人は、**「なくなったからチャージする」**という意識なのではないでしょうか。

一方、毎回チャージするのが面倒だからといって1万円をチャージする人も、一見効率的なようですが、あまり深くは考えていないケースが多いでしょう。

お金をコンビニでおろすか、銀行でおろすか、という項目でも書きましたが、もっとも大切なことはお金を管理することです。

1000円であろうが、1万円であろうが、「なくなったからチャージする」という感覚ではお金は貯まりません。

Ｓｕｉｃａのチャージ代を「交通費」と考えると、それほど節約できるものではありません。歩いて移動するわけにいきませんから、交通費は節約しにくい項目です。

会社員の場合は定期券がありますし、仕事で電車に乗る機会が多い人も、それは経費として会社に請求できます。自腹で支払う交通費は、会社帰りに寄り道をしたり、休日に出かけたりするときだけかもしれません。

ただ、**自分が月にいくらくらいの交通費を使っているのかを把握しておくことは重要です。**

そして、**1万円ほどの交通費の人であれば、毎月頭に1万円をチャージする。3000円で済む人ならば、3000円チャージするのです。**月内にその金額を超えるようなら、

「なぜ、こんなに交通費がかかったのだろう?」

と思いだしながら、管理する意識を持つことが重要です。

Suicaを「交通費＋コンビニ代」と考える

今では、いろいろな場所でＳｕｉｃａを利用できるようになりました。

ならば、Ｓｕｉｃａのチャージ代を単純に交通費と考えずに、もっと有効に活用することも可能ではないでしょうか。

たとえば、チャージ代を「交通費＋コンビニ代」と考えるのです。前にも触れましたが、コンビニでの消費は意外に多く、ムダなものも多い。だからといって、まった

くコンビニで買わないわけにもいかないでしょう。

そこで、**毎月の交通費が7000円の人なら、仮にコンビニ代3000円をプラスして、給料日や月頭に1万円チャージするのです。**

そして毎月、その範囲内で交通費とコンビニ代を抑えるというルールを自分に課します。

すべての小遣いがSuicaの支払いで済むような場合は、小遣いの管理をSuicaに任せるのもいい。

1週間の小遣いが1万円ならば、毎週月曜日に1万円チャージして、その範囲で過ごすようにするわけです。

ちなみに、私はクレジットカードと連動しているものを使っています。その理由は、いつ、どのくらいチャージされたかが記録されるため、資金管理がしやすいからです。

一般的なSuicaを利用すると細かな明細はわかりませんので、Suicaで支払ったときはかならずレシートをもらうようにして、家計簿に反映させてください。

答え

毎月使う金額分を算出してチャージし、その金額内で暮らすようにする。Ｓｕｉｃａの役割を「交通費＋コンビニ代」などと決めると、支出をコントロールできる。

質問 14

タクシーに乗る人と乗らない人、お金が貯まるのはどっち？

お気に入りの傘を買ったのに、どこかに忘れてきてしまった……。電車の中や店に傘を忘れてしまったことは、誰にでもあると思います。

それがビニール傘であれば、それほど後悔することもないでしょうが、もしお気に入りのそれなりの値段がする傘であったら、もったいない。

そういう経験を得て、今ではビニール傘しか買わないようにしている人もいるかもしれません。

あやしい天気のときも、わざわざ荷物を多くすることもありませんし、雨が降ればどこでもビニール傘を安く購入できます。

でも、家にビニール傘が何本もあるといった事態になっていないでしょうか。

結局のところ、1本の傘を大事に使うのが理想的ではありますが、傘をなくしやすい人は、ビニール傘のほうがムダな出費を減らせます。

ひょっとしたら1本のビニール傘を大事に使うということが、節約には一番いいのかもしれません。

ただ、私は、1本の傘を大事に使うことも、すぐにビニール傘を買うこともありません。

なぜなら、**すぐにタクシーに乗ってしまうからです。**

「タクシーに乗ったら、お金が貯まらないじゃないか！」と言う人もいるかもしれませんが、そこにはちゃんとした理由があります。

一流は靴を見る

雨の日に迷わずタクシーに乗る理由――。

それは、**靴を濡らしたくないからです。**

何よりも靴が濡れてヨレヨレになってしまうのが嫌なのです。

私が東京に出てきたとき、下北沢で不動産業をしていた叔父に、ものすごくお世話になりました。私はダンディな叔父に憧れ、いつも靴をピカピカにしている様子を見て、私も真似して靴を磨いていました。

そして銀行に勤め始めて、あることに気づきます。**お金持ちは、みな押し並べていい靴を履いているのです。**

しかも、手入れが行き届いています。あるとき大富豪のお客様から、こう教えられました。

「菅井さん、たとえお金がなくても、いい靴を履きなさい。一流の人たちは、相手の足元を見て、仕事ができるかどうかを判断する」

昔から、

「神は細部に宿る」

と言います。足先まできちっとした身なりをしている人かどうかで、その人がどこまで「他人にどう見られるか」を意識しているかどうかがわかるのです。足先まで気をつかっている人は仕事だって丁寧だし、逆に気をつかえない人は仕事でもスキが多い、と判断されるわけです。

高級ブランドに買い物に行くと、店員さんがこちらの足元をちらっと見ることに気づいたことはないでしょうか？　あれはつまり、お金を持っていそうな客かどうかを値踏みしているわけです。

じつは銀行員も、お客様の靴をチェックしている人がかなりいます。

仕事ができる人は、相手の靴をチェックしています。この人たちから認められるためには、いい靴を大事に履かなければなりません。

〝類は友を呼ぶ〟という言葉があるように、やはり同じ匂いのする者同士が集まりやすい。自分が心豊かな精神状態でいなければ、そういう人とは出会えないし、ツキからも見放されてしまいます。だからこそ、靴には人一倍気をつかう必要があるのです。

私は8年ほど前に、かなり高額な靴を購入しました。

お客様から「ここが一番いい靴屋ですよ」と教えてもらったお店で、黒と茶色の革靴を2足購入しました。8年経っても、ものすごく履き心地がいい。もう絶対に手放すことができません。

雨に濡れると革靴はダメになってしまいます。せっかくの靴を買い換えないといけなくなってしまう。だから、**私は雨が降ったら、迷わずタクシーに乗るのです。**

何も遠距離を移動するわけではありません。最寄りの駅までの初乗り程度。ビニール傘を買うよりやや高いですが、靴を買い換えることを考えると、じつは得なのです。

答え

仕事ができるかどうかは、靴にあらわれる。雨が降ったら、すぐタクシーに乗って、靴を守れ!

質問 15

机がきれいな人と汚い人、お金持ちになるのはどっち？

机がきれいな人と汚い人、どちらのほうがいいか――。

誰でも、机がきれいなほうがいいと思うのではないでしょうか。
机がきれいな人、片付けが上手な人は、几帳面です。
きちんと仕事もこなすので、仕事を任せるほうも安心です。
頭の中で、仕事の段取りができているので、やるべきことがクリアになっている。
それが机の上にもあらわれます。

私は銀行員時代、新しい支店に副支店長や支店長として赴任すると、かならず最初に抜き打ち検査を行っていました。すべての従業員の机の中を開けさせて、不正を行っていないか、検査をするのです。

検査の目的は、お客様から預かった印鑑や現金、重要な書類（借用証書や定期預金証書、カスタマーズカードなど）を机の中に入れていないかをチェックすること。

これらは、銀行の金庫に入れて、厳重に保管しなければなりません。これが銀行のルールで、行員個人の机に入れておくのは言語道断です。

ただ、私が抜き打ち検査をする理由は、もうひとつありました。**仕事ができる人かを判断するためです。**

特に事務処理を行う女性行員は、管理能力が求められます。言われた仕事を時間までにきちんとできるかどうかが大切。机がきれいな人は、やはり事務処理能力も高いのです。

銀行員はあなたの会社のどこを見ているか

また、銀行員は、ずっと行内にいるわけではありません。お金を融資するのが仕事ですから、ほかの企業に訪問して調査をしたり、商談をしたりします。

このとき重要なのが、その会社がきれいかどうかをチェックすることです。

多くの場合、その会社の専門技術が優れているかどうかは、銀行員個人では判断できません。

さまざまな実績や会計検査などを行って会社の状態をチェックするわけですが、もっとも大切なのは経営者や従業員の質です。

つまり、人なのです。

銀行員時代、じつに多くの会社を訪問してきましたが、**きちっとした会社というのは、経営陣による社内教育が行き届いているため、社内の清掃、整理もきちっと行われています。**

落ちたゴミや遅れた時計を放置するのではなく、気づいた誰かがかならず直す。そういうことが徹底しているからこそ、お客様のニーズにも敏感で、利益を提供できるのです。

私は、ほかの会社を訪問したときには、社内の様子はもちろん、かならずトイレや会議室をチェックしていました。なぜか？

「共有スペース」だからです。

トイレや会議室は、特定の社員の責任で整理、清掃するところではありません。気づいた人がやるか、役割をきちんと決めてやるか、いずれかしかない。いずれにしろ、ここが汚いということは、みんなが**「誰かがやってくれるだろう……」**という気持ちを持っていて、その結果、汚いことが常態化してしまうのです。

このような会社が、業績を伸ばしていくことはありません。将来的に破綻する可能性があるため、銀行としては融資を敬遠せざるをえないのです。

じつは、これは個人の家においても同じことです。個人宅にもさんざん訪問をしましたが、**お金持ちの家は、例外なくきちんと整理整頓されています。**

自己管理ができていて、感情のコントロールもできている。

汚いところを汚いまま放置するようなことをしませんし、だからこそお金も増やせるのです。

お金を稼ぐ力とお金を管理する力はちがう

では、机が汚い人がまったくダメかというと、そういうわけではありません。机が汚い人の中には、爆発的にお金を稼ぐ力を持っている人もいます。エース営業マンの机は、けっこう汚かったりします。

ただ、この人たちの問題点は、「稼げばいい」と思っているところです。

じつは私も20代のころは、そう思っていました。でも、この手のタイプの人は、稼いだ分だけ使ってしまいがちです。場合によっては、稼いだ金額以上に使ってしまい、結局、お金が手元に残りません。

覚えていただきたいことは、お金を「稼ぐ力」と「管理する力」は、まったく異なるということ。資産を形成するためには、この2つの力が両方必要なのです。

ところが、最初から両方を持っている人は、ほとんどいません。

机が汚い営業のエースは、だいたい経費精算や請求書の処理で経理に迷惑をかけています。

お金を貯める〝2つの力〟の鍛え方

理想は、お金を「稼ぐ力」と「管理する力」の両方を備えること。机が汚い人（稼ぐ力がある人）なら、管理能力を身につければ、自然とお金が残るようになります。

その方法は、本書で述べていることを実践すればいい。

まずは家計簿をつけて、自分の現在の収入と支出を把握する。できるだけ４大固定費を削り、ムダな支出をなくして、毎月の貯蓄にまわすのです。

一方、机がきれいなタイプの人は、会社員であれば、自分を極端に変えなくても小金持ちにはなれます。

会社員は、いくら頑張ってもすぐに給料が上がりません。ですから、支出をいかにコントロールできるかが肝になってきます。現在、会社員で着実に稼げるのであれば、ホームランはありませんが、それでもいい。夫婦2人で働いていれば、1億円の資産に辿り着くことも可能です。

ただ、**もっと資産を持ちたいと思うならば、本書の後半で解説する「住宅ローンをかしこく利用する方法」を知る必要があります。**

「自分も資産が持てるんだ」という気づきがあれば、変われるはずです。この本も、そのきっかけになれば嬉しいです。

答え

お金持ちは、例外なく机がきれい。「稼ぐ力」と「管理する力」を両方身につければ、資産がぐっと増え始める！

質問 16

セールで買う人、買わない人、得するのはどっち？

「お金持ちになりたい！」と願う人がついつい手を出してしまうものがあります。

「宝くじ」です。

年に1度だけ「夢を買いたい！」という気持ちもわからないではありません。

しかし、宝くじほど還元率が低いものはありません。還元率とは、集まった総額のうち、何％を購入者にバックするかをあらわします。

ギャンブルの還元率を見ていくと、パチンコは約95％（店によって多少異なる）、競馬や競輪は75％。これに比べて、宝くじは45％しかありません。

つまり、宝くじは残りの55％が、経費や税金に支払われるのです。これは、たとえば100万円で投資信託を購入したとき、55万円を手数料で取られるようなものです。こんな還元率の低い金融商品を買ってはいけません。当たるわけがないのですから。

宝くじ事業は地方自治体が国の許可をもらって販売していますが、その下には多くの**天下り団体**がぶらさがっていて、ここにたくさんのお金が入る仕組みになっています。**宝くじを買うということは、夢を買っているのではなく、天下り団体に貢《みつ》いでいるだけのことなのです。**

宝くじは、みずほ銀行が独占的に販売していますが、それは地方自治体から販売を委託されているから。

法律上、役所では売ることができないので、販売代行しているのです。

みずほ銀行は、宝くじの販売手数料でかなり儲けていて、行内に「宝くじ部長」なる人物がいるくらいです。

こういう人たちを儲けさせるために、わざわざ宝くじを買うのはやめましょう。一攫千金など、ありえません。

セールで買うのは、得になるのか

一方、「かしこい買い物」をすべく、年に2度あるデパートのセールを楽しみにしている人もいるでしょう。また、インターネットの世界では、日々どこかでセールが行われています。

ならば、セールでモノを買うほうが得なのでしょうか。
それとも、店側の罠にはまってしまっているだけなのでしょうか。

セールは、たくみに消費者心理を突いてきます。「今だけ」「限定品」などの魅惑的な文言で、私たち消費者の心につけ込んでくる。確かに「50％引き」なんて言われると、思わずほしくなってしまいます。「買わないと損する」とさえ思ってしまう人もいるのではないでしょうか。

財布や靴のところでも述べましたが、**私の基本は〝いいものを長く使う〟こと。ですから、私はほとんどセールでモノを買いません。**

前からほしいと思っていたものや必要なものがセールで安くなっているならば、それは買います。確実に得をするからです。

しかし、安いから買う、今だけだから買うのは感心しません。ムダな出費でしかないからです。

また、**セールの中でも、福袋ほど最悪なものはありません。**ほしいものだけならまだいいけれど、かならずいらないものも入っています。そこにコストが乗っかっていることを忘れてはいけません。

そもそも、中身がわからないものにお金を出すというのは、ギャンブルと同じと考えたほうがいいでしょう。

銀行のキャンペーン商品にも要注意

銀行にも、キャンペーンと呼ばれるセールがあります。銀行が売りたい商品があったとき、ありえない金利で提供するのです。

ただ、そういった商品はたいてい最初の2年間だけディスカウントされ、その後は高めの金利に戻ります。

いわゆるキャンペーンを呼び水にして、顧客を囲い込み、いずれ銀行が取り返すために逆襲してくるわけです。

たとえば、**「特別金利3％の定期預金」**といった商品があります。しかし、その後、あの手この手で投資信託や保険などの商品のセールスを受けます。銀行は、吐き出した損失を、投資信託の手数料で取り戻そうというハラなのです。

3%という金利に飛びついたために、買いたくもない投資信託を買わされる。**限定で今だけ金利が高いという商品には、かならずバックエンドがあると思っておいたほうがいいでしょう。**

一度顧客として取り込んでしまえば、いくらでも接触の機会（銀行にとってのビジネスチャンス）は生まれるのです。

銀行は、「そのままずっと定期預金にしましょう」とは絶対に言いません。なんらかの手数料収入を得ようと、その後も商品をすすめてくるので、これらをきちっと断ることが必要です。

昔は「定期預金キャンペーン」というものがありました。ボーナスが出る7月と12月に実施されることが多く、預金をするとなんらかの特典がついてきたわけです。預金キャンペーンの本当の目的は、銀行が投資（融資）するための原資を集めることです。

キャンペーンと銘打っていますが、得するのはお客様ではなく、銀行でした。
今でも信用金庫では、「定期預金キャンペーン」を行っているところを見かけますが、メガバンクでは、あまり聞かなくなりました。お金が余っている現在では、銀行は預金を積極的にはすすめません。

銀行にとって定期預金は、金利をつけなくてはいけない以上、「負債」です。

ほかに融資する原資を調達したい時期なら、一般のお客様に定期預金をすすめて、それより高い金利でほかに貸せば利益が出ますが、お金を貸す先に困っているような現状では、これ以上定期預金を増やして金利を払うのは、銀行にとってはバカバカしい話なのです。

前にお伝えしたように、**あなたの「資産」は、銀行の「負債」。あなたの「負債」は、銀行の「資産」です。**

もちろん金融商品のすべてが悪いわけではありません。投資信託だって利益を生んでくれるものがあります。

しかし、デパートのセールと同じで、「今、安いから買う」ではいけません。特に金融系のキャンペーンは、「今だけ、お得な理由」があります。これを見極めて、上手に買い物をしていくことが、お金を貯める近道になるのです。

答え

セールを活用するなら、「ほしかった商品」が安くなっているときだけに。「安いから、買う」はムダづかいの温床になる。特に金融商品には、かならず裏があるから気をつけて。

質問 17

2000万円の借金と500万円の借金、破綻しやすいのはどっち?

今、あなたの借金はいくらありますか？　住宅ローンは残りいくら？　車のローンは？　携帯電話もローンが残っていませんか？　ここでは、どんな人が借金によって人生を破綻させてしまうかを見ていくことにします。

私は銀行員時代、借金を返済できずに自己破産してしまった人を数多く見てきました。**じつは、破綻してしまう原因は、借り入れの総額ではなく、借り入れの本数にあります。**

住宅ローンで2000万円を借りていても、35年ローンであれば、毎月の支払い負担は5万5000円くらいで済みます。これならば、返済に困るほどではありません。しかし、30万円、50万円、100万円のカードローンなど、複数の場所から借りている場合、高い金利によって月々の支払いは簡単に15万円くらいになってしまいます。**全体の借金は500万円ほどでも、借り入れ本数が多いため、毎月のキャッシュ負担が大きくなってしまう。**こうして結局、払いきれずに破綻するケースがとても多いのです。

こういったカードローンの借り入れは、おそらく生活資金でしょう。たとえば、高額の教材を買ったり、車を買ったりしたときのローンなどです。

生活資金を補填するためにカードローンで借りるわけですが、**その支払いをするために別のカードローンで借りたときから、最悪のループが始まってしまいます。**

カードローンの問題は、借り入れの期限です。住宅ローンの期限が30年や35年なのに対して、カードローンの期限は、ほとんどが1年から5年の間。金利も高いので、毎月の支払いは多額になってしまいます。

銀行員時代は、「これほどの収入がある人が、このくらいの借金で破綻してしまったの！」と思うケースが何度もありました。

落ちるところまで落ちる人

住宅や車のローンに縛られて、子どもの学費も払わなければいけない。保険の支払いもある。すると、毎月15万円くらいは簡単に出ていってしまいます。給料が入ったら、すぐにカードローンで取られていくので、毎月パンパンの状態。

根本的な支出をコントロールしなければいけないのに、借り入れることばかり考えてしまう。毎月の生活費を穴埋めするために、また借金をするハメになるのです。

これは、**傷口に必死で絆創膏《ばんそうこう》を貼っているような状態です。**

一度生活水準が高くなってしまった人は、なかなか下げることができません。1回広がった生活サイズは、なかなか変えることができないのです。

でも、自分や家族のことを考えれば、生活水準を下げる勇気が必要です。そうしないと、落ちるところまで落ちる結果になってしまいます。夜逃げ同然で実家に帰らないといけなくなったら、惨めな思いをするだけです。

生活費を補うために、借金の本数を増やすことだけはやめてください。借金でしのぐのではなく、支出を削る努力をするのです。

答え

2000万円の借金であっても、住宅ローン中心の〝いい借金〟なら破綻しない。問題なのは借り入れの本数。これが多いと、たとえ300万円、500万円の借金でも自己破産することも。

質問 18

ねばり強い人とすぐあきらめる人、破綻しやすいのはどっち？

まじめで、何事にもねばり強く挑む人がいます。少々のピンチになっても、あきらめずに最後までやりとげる。

一方、すぐにあきらめてしまう「いい加減な人」もいます。

どちらが仕事ができるかというと、当然、前者のまじめな人だと思います。

ただし、注意が必要です。**このような、まじめで、ねばり強い人が、じつは破綻することがたくさんあります。**

私がやっている「アパート経営」を例に見てみましょう。たとえば、中古アパートを購入して、人に貸したとします。購入当時は、利回り12%だったため、手元に50万円残るとてもいい物件だったので、融資も受けることができました。

ところが、物件が古いため、借り手が退室する度に手直ししなければならなかった。全部で11室あったけれど、退室する度に60万円ずつかかる。水回りを新調すると、下手したら200万円くらいかかることもあります。

これでは、リフォームする度に、逆に大きなロスが出てしまう。利益どころか、赤字になってしまうかもしれません。

気づいたときにすぐに売ればいいのですが、気づかずに3室、4室とリフォームして、経費がかさんでいったとします。ここで、まじめで、ねばり強い人はこう考えます。

「もう4室もリフォームしたんだから、今までの投資を取り返さないといけない。今までも人生でピンチがきたことは何度もあった。その度に、自分は切り抜けてきたじゃないか！」

「自分なら、できる！」と考えてしまうのです。こうして、**損切りができなくなります。**

ずるずるとキャッシュ・フローが悪くなり、預金が枯渇してしまう。

空室もなかなか埋まらない。

お金も返せないし、収入からの補填も限界になれば、カードローンに手を出す結果になります。何本も何本もカードローンを借りると、資金繰りが難しくなって、やがて何も考えられなくなってしまいます。

まじめでねばり強い人は、頑張り屋さんですから、自分で経費を削減したり、リフォームをしたり、客付けをしたりしてしまう。しかし、素人ですから、やっぱりプロには勝てません。要するに、ピントが外れたところで努力してしまうのです。

また、**まじめな人はプライドが高いため、人に相談できないことも、破綻しやすい要因でしょう。**

これは何もアパート経営に限った話ではありません。ほかの投資においても同じです。**状況が悪いと察したら、すぐに損切りをするべきです。**

少々いい加減で、「これくらいの損なら、まあしょうがない」と考えられるくらいで、ちょうどいい。ねばりすぎると、知らず知らずのうちに、地獄行きの切符を手にしてしまうのです。

答え

「まじめで、ねばり強い人」が、じつは破綻しやすい。危険を察知したら、早めに損切りして逃げなさい。

Part 3

お金が増える「住宅の選び方」は、どっち？

人間よりは
金のほうがはるかに
頼りになりますよ。

頼りにならんのは
人の心です。

――尾崎紅葉（小説家・俳人）

質問 19

自分のお金と他人のお金、活用するならどっち？

ここまで見てきたように、**「お金を管理するスキル」**を身につけると、あなたの現在の収入でもきちっと貯蓄ができるようになるはずです。

しかし、今の収入の中だけでやりくりするのでは、大きくジャンプすることはできません。

そこで、ここからはもう1段階上を目指した資産形成のお話をしていきます。

資産をつくるために必須のスキル――。

それは、**いかに銀行の力を利用するかです。**

銀行を単にATMでお金を出し入れするためだけに使っているのは、本当にもったいない。銀行からお金を調達する力を身につけることが、マネーライフを充実させるための肝と言ってもいいでしょう。

「借金」と言うと、聞こえは悪いですが、借金にも〝**いい借金**〟と〝**悪い借金**〟があります。

前にも触れましたが、カードローンは〝悪い借金〟の典型例。金利は高いし、なんのリターンも望めません。

一方、〝いい借金〟とはなんでしょうか。**一番金利が安くて、しかも長期で貸してくれる「住宅ローン」です。**住宅ローンを上手に活用することが、あなたの資産形成のカギを握ります。

自分にもっともリターンを運んでくれる〝いい借金〟と認識して、積極的に活用してください。

資産を増やしたきゃ「人のお金」を使いなさい

私は、銀行のアパートローン（住宅ローンより金利は高いが、それでも年2～2・5％くらいで借りられる）を利用して資産をつくりました。

銀行員時代、会社員をやりながら、副業として不動産収入を得られる物件を探し始めました。当初、私が探していたアパート1棟の価格は5000万円くらい。当時の年収が約1000万円だったので、その5倍くらいが妥当だと思っていました。
ところが、不動産会社の人から「1億円くらいの物件でも大丈夫ですよ」と言われたのです。

当時は自分も銀行員でしたから、本当にそれほど借りられるか不安でしたが、実際地方銀行から借り入れをすることができました。頭金が1000万円ほどだったので、残りはアパートローンということになります。

当初は思うようにいかないこともありましたが、いくつかの苦労や失敗を重ねながらも、その後、順調にアパートを増やしていくことができ、**今では6棟78室のアパート経営で、年収7000万円ほどの不動産収入を得ています。**

こうして悠々自適な生活がおくれるのは、銀行からお金を借りたからです。

現在は大人が家庭以外でゆっくり過ごせる空間を提供するべく、東京の田園調布で喫茶店『SUGER COFFEE』を経営しています。この店の開業資金も銀行から調達しました。

創業時に融資してくれる日本政策金融公庫、そして信用保証協会が保証人になり、銀行にとってはほぼノーリスクで事業融資できる制度を活用して、信用金庫から融資を受けました。

他人のお金、すなわち銀行のお金を利用しないと、資産は増えません。

それは、私が肌で感じてきた実感でもあり、多くの成功者たちが実践してきたことでもあります。

できるだけ自分のお金を使わずに、銀行から安い金利でお金を借りて、それを元手に大きなリターンを得る。

資産を大きく増やすには、これしかありません。

そこで「**住宅ローン**」です。

金利が安くて、長期間貸してくれるこのローンを活用して、あなたの資産を増やしましょう。何も難しいことではありません。

アパートを1棟買おうとか、今すぐ開業しようとか、そういうことではありません。
その方法はというと……、次項から詳しく解説していきましょう。

答え

できるだけ自分のお金を使わず、「人のお金」、つまり銀行からお金を借りて、それを元手に資産を増やす。「住宅ローン」は、誰でも活用しやすい〝いい借金〟だ。

質問20

持ち家派、賃貸派、お金持ちになるのはどっち？

ここまで読んでくださった読者なら、もうおわかりかもしれません。

私は断然「持ち家派」です。

賃貸派の論客は、「家を買ったらリスクを抱えることになる。物件価格が下がってしまうリスクが大きい。売りたいときに売れないし、貸そうにも貸せない。お金が出ていくだけだから、資産とは言えず、負債でしかない」と言います。

確かに、その通りです。

実際に、売ったとしてもローンが残っていることもあるし、最悪の場合、ローンが支払えなくなって、安い価格で任意売却されるケースもあります。これでは、負債でしかありません。

しかし、これはそもそも購入した物件が悪いのです。

悪い物件は負債になるし、いい物件は資産になる。

いい物件は、値上がりすることもあるし、賃貸に出して利益を運んできてくれるこ

ともある。こうなれば、立派な資産です。

家を持たず、賃貸で暮らすことは、いつでも転居できる気軽さがありますし、定住しないライフスタイルを好む人には良いと思います。

ただ、**「資産をつくる」という目的を持った場合は、何もいいことはありません。単にお金が出ていくだけで、そのお金が返ってくる見込みはゼロなのです。**わざわざそんなもったいない状況を好む理由が見当たりません。

持ち家なら、いい物件を選べば、将来、売ることもできるし、貸すこともできる。

じつは、多くの成功者たちがこうして資産をつくっています。私もその1人です。将来にわたって、完璧な計画を立てられる人など、それほどいないでしょう。10年後、20年後のことはわかりません。

であれば、「可能性」を残しておくべきです。

賃貸では、資産を増やせる可能性はない。可能性を高めてくれるのは、持ち家だけなのです。

あなたのまわりにいるお金持ちを思い浮かべてみてください。その人は、持ち家ですか？　賃貸ですか？　かなりの確率で持ち家のはずです。

なぜか？　**銀行からお金を借りて、その借金を「ほかのだれか」のお金で返しているはずだからです。では、「ほかのだれか」とは、だれか？　そう、物件を借りてくれている「賃貸派」の人たちです。**

家を借りる、ということは、かならず貸してくれている人を儲けさせていることを知っておかないといけません。

じゃあ、どんな物件を選べばいいの？

問題は、どのような物件を買えばいいかです。負債になるか資産になるかは、物件の良し悪しで決まります。

私は、おもに3つのポイントを重視しています。

1　とことん「いい立地」にこだわる

私は、とことん「いい立地」にこだわります。いい立地とは、**「貸すときに、いい値段で貸せる場所」**のこと。

自分が住むために購入する物件であっても、「もし人に貸したら……」ということをかならず考えておいたほうがいい。買う以上、資産価値の下落が少ない物件を選びたいわけです。

そして、その目安が「〝ほかのだれか〟に貸したときに、それなりの値段で貸せるかどうか」で判断できます。いい立地なら、年数が経っても、賃貸価格の下落も最小限で抑えられます。

2　物件価格は、毎月の賃貸料の200倍を目安にする

物件価格の目安は、貸した場合に取れる家賃の200倍です。投資利回りで見たとき、（首都圏であれば）投資に見合うのは5〜6%と言われています。次の式を参照してください。

年間の家賃収入÷物件価格＝０・０６

ちょっと難しいですかね……。

例を出して説明しますね。

たとえば、毎月取れる家賃が10万円だとします。

すると年間の家賃収入は１２０万円になりますよね。

右の式に当てはめると、１２０万円÷物件価格＝０・０６。

物件価格は、１２０万円÷０・０６＝２０００万円。

つまり、家賃10万円の２００倍になる。この「２００倍」が目安になるわけです。

毎月の家賃が20万円取れるなら、４０００万円の物件。30万円なら、６０００万円の物件ということです。

２００倍を超えれば超えるほど、その物件の資産価値は低いということになります。

3　住宅ローンの支払い額を、手取り収入の25％以内に抑える

住宅ローンの支払いは、手取り収入の25％で抑えたい。手取りが25万円の人であれば、6万円ちょっとの支払いで済むように住宅ローンを組むことが大事です。それ以上のパーセンテージになると、毎月の家計を圧迫し始め、貯蓄ができません。

前述した通り、**4大固定費のうちでもっとも費用のかかる住宅ローンを少なく抑えることが、安定した貯蓄をするためのポイントです。**

10万円で貸せて、価格が2000万円くらいの物件は、残念ながらそれほど多くありません。ただ、かならずあるので根気よく探さなければいけません。

その際、賃貸の相場も確認しておきましょう（賃貸のサイトを見れば、だいたいわかります）。

首都圏で言えば、世田谷や目黒といった城南地区には、そういった物件はほぼありません。でも、城東地区（葛飾区、墨田区、江東区、江戸川区、台東区など）や城北地区（北区、豊島区、板橋区、練馬区など）には、少しですが出てきます。

王子や巣鴨、赤羽といった地域は、都心から近いにもかかわらず、まるで放置されているような場所です。物件は安いのに、家賃はそこそこ取れる穴場でもあります。

先ほどの数字に当てはまる好物件は、インターネットに出ていない場合も多いですから、具体的なエリアを決めたら、こまめに地元の不動産屋さんをまわってみてください。

ごちゃごちゃした立地を選びなさい

具体的なエリアをどのように決めればいいか——。

私は「歴史のある地域は家賃の相場が下がらない」と確信しています。

逆に、新しくつくられた住宅街は危ない。

たとえば、昔のニュータウンや新興住宅地は、同じような年代の人が、当時一斉に入居しているため、時が経つと町自体が高齢化し、若者は出ていきます。

こうして新たな入居希望者が減ってしまい、ゴーストタウン化していきます。これでは、貸したくても貸せませんし、売りたくても売れません。

2020年の東京オリンピックの開催が決定し、晴海や豊州といった湾岸エリアのマンションが人気を集めています。オリンピック村の跡地を分譲すると言っていますが、そのとき需要がどのくらいあるか不明です。

また同じような年代の人が集まってきて、第2、第3の多摩ニュータウンのようになってしまわないか、心配しています。

それよりも、**歴史があって、いろいろな年代の人が住んでいる町を選びたい。**古い人も新しい人もいて、ごちゃごちゃしている。そういうごちゃごちゃした町が理想です。王子や巣鴨、月島、高円寺などは昔からある町ですから、地域力があり、腰が強いのです。

当然ながら、**駅から近いほうがいい。**自分が借りる側になってみれば、自ずと条件も見えてくると思います。

地方では、戸建て賃貸にニーズがあります。小さな子どもがいると、アパートよりも戸建てのほうが人気です。アパートだと、下の住人に足音が響いていないか、また隣の住民に迷惑がかかっていないかが気になるからです。

ですから、ファミリー層を想定して、駐車場があり、学校や病院が近いといった条件も考慮したほうがいいでしょう。

いつ何が起こるかわかりませんので、いつでも売れるように、いつでも貸せるように考慮した上で、購入物件を選んでください。

答え

資産をつくりたいなら、断然「持ち家」がいい。大切なのは物件選び。将来、売れる、貸せる立地の物件を選ぼう！

質問21

家は、結婚前に買うか、結婚してから買うか、どっち？

賃貸よりも持ち家を買ったほうがいい――と主張してきました。そこで立地選びのほかに、もうひとつ問題になることがあります。**購入時期**です。

いつ買うのか？

（「今でしょ！」と合いの手を入れたあなた、意外に間違っていません）。

一般的には、結婚してから家を買うことを検討するのではないでしょうか。子どもが生まれてからという人もいるでしょう。独身時代に自分の家（マンション）を買う人は珍しいと思います。

しかし、**私は独身の若いときに家を買って、早くから資産をつくるべきだと考えています。**

先にも触れましたが、家賃の支払いはただの支出です。保険であれば掛け捨ての定期保険と同じようなもの。

一方、住宅ローンであれば同じ支出金額であっても、資産が増えていきます。さしずめ終身保険のようなものと考えていいでしょう。

若い独身の人ならば、（都心では）中古で1500万円くらいのマンションが妥当です。そのくらいであれば、頭金やボーナス払いがなくても、月々の支払いは4万5000円程度で済みます（1・5％の金利で元利均等返済、返済期間が35年の場合）。

都心で4万5000円の賃貸を探そうと思っても、ボロアパートしかありませんが、1500万～2000万円の物件なら、そこそこのものが買えます。家計に無理することなく、自分の家を買うことができるわけです。

ただ、住宅ローンの条件として、専有面積の下限があります。銀行によって違いますから、あらかじめ確認しておいたほうがいいでしょう。

前項でお伝えしたように、立地にはこだわり、人に貸したときに10万円くらいで貸せるような物件を探します。

そこに安い住宅ローンで自分が住めばいい。

お金を生むわけではありませんが、自分が家主だと思えば、自分に家賃を支払っているようなもの。そうやって、自分の純資産を若いうちから増やすことができるのです。

ルームシェアをすれば、家賃収入ができる

若いうちからマンションを買うメリットは、ほかにもいろいろあります。

賃貸の場合と比べて持ち家のほうが、毎月の支払い額が同じであっても、広い場所に住めます。

中古の２ＤＫのマンションを購入すれば、友人を連れてきてルームシェアすることができます。若いうちなら、わりと気軽にできることです。

２部屋あるのですから、１部屋を安い値段で貸すのです。

そうすれば家賃が得られるので、ローン負担はかなり軽くなります。

これで正真正銘の家主になれるわけです。

ルームシェア専用の不動産仲介業者もいますから、一緒に住む友人が見つからなくても大丈夫。たとえば「王子駅から徒歩7分、ルームシェア希望」とお願いして、3万円でも5万円でも、家賃を取ればいいのです。

もし3LDKのマンションを購入できれば、2人とルームシェアできます。そうなれば、ローンの支払いを家賃収入でほとんどまかなうことができます。

住宅費を削れば、それだけ貯蓄にまわすことができます。持ち家という資産だけでなく、現金の資産まで得られるのです。

こう見ていくと、物件を購入するとき、間取りが大事になってくるのは言うまでもありません。ルームシェアしやすい間取り、将来売りやすい間取りも考慮するべきです。

親御さんの手前、大きな声では言えませんが、ルームシェアをするのは何も友人同士である必要はありません。好きな彼女（彼氏）と同棲して、家賃の一部をもらってもいいわけです。

好きな人と住みながら、ローンの返済負担が軽くなる。相手も安い賃貸価格で住めるわけですから、お互いにとってこんなにいいことはありません。

住宅ローンは魔法の商品です。これを活用することが、会社員にとって、もっともうまく資産を増やせる方法ではないでしょうか。高い家賃を支払っているのは、もったいないとしか言いようがありません。

若いうちから、「購入→ルームシェア」で家賃を取れるような訓練をしておくと、将来、それをもっと大きな規模でできるようになり、さらなる資産をつくれるようになるのです。

結婚したら人に貸しなさい！

結婚したら、また状況が変わってきます。そのマンションで同居してもいいのですが、もう少し広いところに移りたいと思うかもしれません。相手の意見や趣味もありますし、子どもができたらなおさらです。

そうなったら、**もう少し広いマンションを探して、もう一度住宅ローンを組むよう**

にするのです。夫婦で働いていれば、それまでよりも広くて高いマンションを購入できます。そして、**前の物件は人に貸せばいいのです。**

銀行から「前の家はどうするのですか？」と聞かれたら、「夫婦で働いているので、お互いの通勤に便利な場所に住み替えたい。会社へのアクセスを考えて、新しいマンションを住宅ローンで買いたい。前の家はゆくゆくは売るつもりだけど、今は貸しておきたいのでアパートローンに切り替えたい」と答えればいい。

もちろん前の家を売ってしまってもいいですが、**前の家のローンの支払いよりも、人に貸して得られる家賃収入のほうが高ければ、それはプラスの収入になります。**

たとえば、前の家の月々のローンが7万円で、賃貸収入が10万円取れれば、毎月3万円の不労所得があなたの懐に入ってきます。

安定した不労所得を得られるのですから、売るよりも貸すほうがいいですよね。もしも、借り手がつかないような場合は、売ればいいのです。

このときこそ、前に述べた**「貸すこと、売ることを考えて、家を選ぶ」**という考え方が生きてきます。

新たな物件はマンションにこだわらなくてもいいかもしれない。たとえば、**戸建ての併用住宅を見つける**。2階に自分たち夫婦が住んで、1階にある2つのワンルームをそれぞれ7万円で貸してみる。

こうすると毎月の家賃収入は14万円。住宅ローンが15万円だとしたら、実質ほぼタダで家を買えてしまいます。

これで、貯蓄額を飛躍的に増やすことができます。何せ、住宅費はゼロなのですから。

上物（建物）の50％以上を自分たちの住居に使用すれば、住宅ローンで借りることができます。わざわざアパートローンで借りなくても、もっと金利の安い住宅ローンでアパートローン（金利は2～2・5％くらい）を利用しなくても、アパート経営を実現できるのです。

アパート経営というと「そんなこと自分には無理……」と考える人が多いのですが、いかがでしょうか？　このように考えていくと、意外に身近に感じられませんでしょうか？

住宅ローンをいかに利用するか——。これが資産を増やす最大のポイントなのです。

住宅ローンで家賃収入を得る方法

独身時代　3DKマンションを買った場合

各部屋**4万円**の家賃で貸す

※住宅ローンが8万円以下なら、
住宅費がゼロ
（プラスの収入になることも）

※面積の50%以上が自己使用で
あることが条件になる

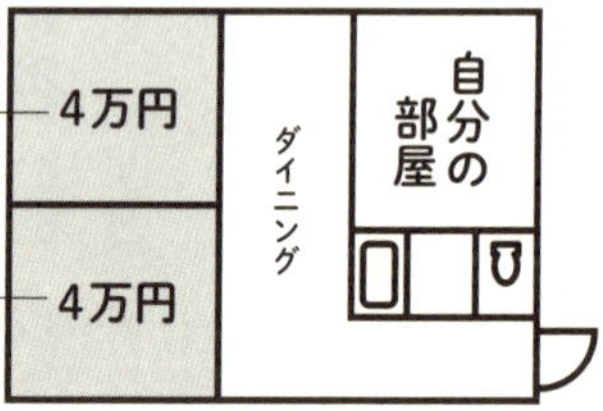

さらに

結婚後　新しい家（戸建て）を買った場合

ワンルーム各部屋 **7万円**の家賃で貸す

※面積の50%以上が自己使用で
あることが条件になる

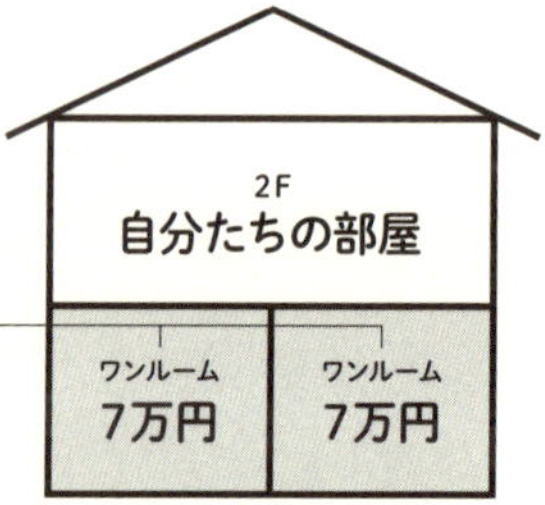

独身時代 のマンションは**10万円**で貸す

＋ プラス

結婚後 の戸建ての各部屋を**7万円**で貸す（計14万円）

→ **合計24万円の家賃収入**

▶ **2つの住宅ローンの合計よりも家賃収入が高ければ、タダでマンションと戸建てを手に入れられる!!**

答え

「持ち家」は若いうちから手に入れるべき。ルームシェアで家賃収入を得ながら、結婚したら新しい物件を購入する。前のマンションは人に貸してもいいし、売ってもいい。住宅ローンを活用しながら、ステップアップしていくことが、資産形成の早道。

質問 22

お客様は神様か、神様ではないか、さて、どっち？

ある雑誌で、信販会社の人に「どういった人が支払いを延滞するのですか?」と質問しているインタビュー記事を読みました。

その中で**「延滞する人に共通しているのは、字が汚い人」**というのがありました。私もその通りだと思います。

私も銀行員時代、かならず字をチェックしていました。銀行員になり立てのころ、先輩からこう教えられたのです。

「書きなぐったような乱暴な字を書く人は、延滞する人が多い。融資は慎重にしなさい」

字は、その人の性格そのものなのでしょう。何事においても雑ですから、字も雑になりますし、お金の管理も雑になるというわけです。

たとえ下手な字であっても、きちんと丁寧に書いてあれば信用できますが、汚い字で雑に書かれていたら、銀行員としては警戒してしまいます。

それだけが融資の判断材料になるようなことはありませんが、それも材料のひとつになるということです。

これまで「銀行のお金を活用して資産を増やすべきだ」という話をしてきましたが、ここでは、**どんな人に銀行はお金を貸してくれるのか、貸してくれないのか、**という点を見ていきます。

銀行が貸したくない7つのタイプ

タイプ1　乱暴な字を書く人

住宅資金や事業資金などを融資してもらうとき、銀行で面談をして、申込書類を作成します。その際にやってはいけないことがあります。

まず、先ほど述べた通り、字を乱暴に書くことです。大事なローン審査の用紙に、字をなぐり書くような人は、銀行からすると要注意人物です。

住宅ローンを申請すると、たくさんの資料にサインをさせられます。ついつい乱暴に書きたくなる気持ちもわかりますが、これでは印象が悪くなります。お金の管理も雑であることが想像されるため、銀行は「貸したお金が返ってこない」というリスクが頭をちらつきます。

逆に、**字が丁寧に書いてあれば、印象はアップします。**

タイプ2　書類に空欄の多い人

申請書類に空欄が多い人も要注意。勤続年数や会社の資本金など、**細かいところを面倒くさがって空欄にしてしまう人がいますが、これも印象を悪くします。**アバウトな人は、やはりお金についてもアバウトなのだろうと思われるのです。

一方、几帳面な人であれば、たとえその場でわからなくても**「調べますから、ちょっと待ってください」「持ち帰らせてください」**となる。銀行にとって重要なのは、貸したお金が返ってくることですから、このような几帳面な人は信用に値するわけです。

だらしない人の中には、たしかに人間的に魅力のある人もいるかもしれません。ただ、「銀行からお金を借りる」ことについては、不利以外の何ものでもありません。自分が住宅ローンや事業融資でお金を借りる場合は、銀行に**「きちっとした印象」**を与える必要があるのです。

タイプ3　複数の銀行に同時に審査をお願いする人

複数の銀行に同時にローン審査を出すのもやめたほうがいいでしょう。みずほ銀行と三井住友銀行の両方に申し込みをしているような人がいます。

大企業勤務の人や公務員など、銀行から見て属性のいい人であれば、どこでも貸してくれますが、ローンがおりるかどうかギリギリの人は要注意。ある銀行で審査基準にギリギリの人は、ほかの銀行へ行ってもギリギリです。

「なんとかこの人に貸してあげたい」

銀行員にそう感じてもらわなければいけません。銀行の担当者も人間です。お客様が誠実な態度を示せば、「この人は自営で収入は安定していないけれど、人間的に信頼できるからなんとか手助けをしてあげたい」と感じるものです。

すると、**行内で稟議を通すためのロジックを考えながら、話を聞いてくれます。ここで銀行員はどうしたら案件を通せるかのシナリオライターになるのです。**

でも、こんなときに「じつは、ほかの銀行にも申し込んでいて、金利の安いほうから借りようと思っている」と言われたら、その担当者は一気にテンションが下がってしまいます。

一生懸命稟議を通しても、ほかの銀行に持っていかれてしまったら、これまでの時間と労力がムダになってしまう。自分の行内での立場も悪くなる。それなら、この人を審査に通すのはやめておこう、という心理が働くのも無理はありません。

ローン審査に挑むときには、

「あなたの銀行だけが頼りです」

と目の前の担当者を頼り、銀行員の保護本能をくすぐるようなコミュニケーションをとってください。

タイプ4　専門用語を使う人

専門用語をやたらと使う人がいます。「満額で融資してほしい」と言えばいいのに、**「フルローンでレバレッジを掛けて、金融資産を使わないようにしたい」**など……。

自分の本業での専門用語ならいいですが、融資や投資などの専門用語を使ってしまうと、途端に胡散臭《うさんくさ》くなってしまうのです。

銀行員も人の子ですから、どこかでかじっただけの専門用語や横文字を耳にすると、あまりいい気はしません。自分で自分の信用を毀損《きそん》してしまうことになります。

銀行員と話すときは、わざわざ難しい言葉を使わず、一般的な言葉を使うようにしてください。

銀行員は高学歴の人が多いです。高学歴の人は自分より頭のいい人が嫌いです。お金を借りるとき、あなたはポパイになってはいけません。手足をばたつかせながら「助けて～」と叫ぶオリーブになってください。

タイプ5　借りたい金額が決まっていない人

「いくら借りたいんですか？」と言われて、

「借りられるだけ貸してほしい」

と答える人もダメです。

たとえば５０００万円の物件を購入する場合、「手持ちが８００万円ありまして、そのうち５００万円を自己資金として使いたい。残りの４５００万円を借りたいと思っています。でも、何が起こるかわかりませんから、手持ちはできるだけ残しておきたい。本当は手元に５００万円は残しておきたいのですが、一応計画としては、自己資金５００万円、住宅ローン４５００万円で考えています」ときちんと伝えた上で、

「どうでしょうかね？」

と相談するようにするわけです。

それを最初から「借りられるだけ」と言うと、「この人、ちゃんと考えているのかな」と疑われてしまいます。

きちんとした資金計画をつくった上でのお願いなのかどうか――。信頼されるためには、そこが重要になってくるのです。

また、**できるだけなんでも数字で語ることも有効です。**計数能力、つまり数字に強い人は銀行員に好まれます。

タイプ6　借金を隠す人

「見せ金」というのをご存じでしょうか。

金融資産や自己資金が多いほうが、融資は受けやすい。そのため、カードローンなどで何百万円も借りて、借りたい銀行にわざわざ預金し、あたかも自己資金が多いように見せかけるお金のことです。

私は銀行員時代、この見せ金をつかって融資の審査を通過させようとする人をたくさん見てきました。

しかし、このような借金は、すべて信用情報に記載されますから、銀行側にはバレバレなのです。**お金を持っていないのに持っているように見せかける人を、銀行が信用するわけがありません。**

ローン審査用の申込書類には、借り入れしているものをすべて書かされます。ですから、すべてちゃんと思い出して書かなければ、嘘つきになってしまいます。たとえば、携帯電話やスマホをローンで買う人は多いですが、これを記入するのを忘れただけで、銀行はその事実がわかります。

銀行員は、かならず申込書類と信用情報を見比べますから、漏れているものがあれば一目瞭然なのです。

スマホのローンくらいなら、「きっと忘れているのだろうな」と思って大目に見てくれますが、**そこをあえて書くと逆にプラスになります。**「この人は、お金の管理がきちっとできている！」と。

タイプ7 「お客様は神様だ」と思っている人

「え？　お客様は神様じゃないの⁉」と思ったかもしれませんが、こと融資に関しては、まったくそうではないと思ったほうがいいでしょう。ここまで読んできて、あなたはこう感じたのではないでしょうか？

「たかが銀行員に気にいられるために、そこまでしなきゃいけないの？」

私は元銀行員ですから銀行の立場がわかる一方、アパート経営で銀行からお金を借り、金利を払う「お客」の立場でもあるので、こう感じるのもよくわかります。

しかし、これだけは覚えておいてください。住宅ローンや事業融資を受けにいくあなたは、銀行からすれば**「審査される人」**です。あなたは**「審査をしていただく」**という気持ちでいなければなりません。

こう言うと、反発があることは重々承知しています。

「銀行はずいぶん偉そうだな！」と。

しかし、お金を貸すのが銀行である以上、借りる側は「うまくやる」必要があります。大人になって、銀行の担当者を手のひらで転がすくらいの器が必要なのです。

こんなケースがあります。

何枚もある住宅ローンの申請書類を書き終え、銀行に提出すると、1週間ほどして担当者から電話がかかってきて、こう言われます。

「あのー、もう1枚新たな資料を書いてほしいんです。お送りしますので、記入してお送りください」

面倒だな、と思いながら渋々書いて、送り直します。するとまた1週間後に電話が鳴ります。

「あのー、追加で○○の書類もほしいので、すぐＦＡＸしてもらえませんか？」

こんなとき、あなたならどう思うでしょうか？

「必要な書類があるなら、最初にまとめて言えよ！」

と言いたくならないでしょうか。

私は銀行員時代、こうして何度もお客様に怒鳴られました。

どうしてこんな事態になるのか。銀行が融資を決定するまでには、何人ものハンコが必要になります。担当者から始まって、係長、課長、そして決裁者である部長（場合によっては支店長）などの確認、押印が必要になる。保険会社や保証会社も含めると、最低7人くらいは稟議に目を通します。

その過程で、担当者に対して、**「おいキミ、○○の書類も確認しておいたほうが無難じゃないか？」**などと指示が飛んできます。

担当者はそれに従うしかありません。それでお客様に電話をして、

「あのー、……」

となるわけです。

こんなとき、お客様から「最初に言ってくれよ！」と怒鳴られたら、担当者はどんな気持ちになるでしょうか？　**「審査を通そうと頑張っているのに、なんだよ、その態度は。じゃあ、もういいよ……」**と一気にテンションが落ちてしまいます。

これはいいとか、悪いとかいう話ではなく、銀行内の現実です。今後も、これが変わることはないでしょう。

追加資料の要求の連絡がきたら、「審査が進んでいるんだな」と前向きにとらえるべきです。追加資料が求められるということは、稟議が階段をのぼっている証拠でもあるのです。審査を通そうという前提があるからこそ求められるわけです。

であれば、その事情をきちんと察した上で、

「わかりました。すぐに資料を用意します」

と言って、スピード感を持って提出したほうが銀行の印象はよくなります。

目的は**「審査を通過させて、お金を手に入れること」**です。

この目的のためなら、「お客様は神様だ」という意識を捨てたほうがいい。銀行の担当者が行内で仕事をしやすい環境を与えてあげましょう。

これは事業を始めた場合も同じです。たとえば、アパートを持ったら、毎年、銀行の査定があります。そのため、たとえ5年前に借りたアパートローンであっても、毎年決算資料を提出しなければなりません。

資料を提出するのは、それなりに面倒です。

しかし、それを面倒くさがらずに、きちっと対応すれば、逆に銀行員へのアピールになる。それは、さらにアパートを増やしたいと思ったとき（お金を借りたいと思っ

たとき)、非常に有効に働きます。

毎年3月に確定申告を済ませると、その控えを銀行に提出しなければなりません。ほとんどの人は、銀行側から「すみません、確定申告の控えを持ってきてもらえませんか」と電話を受けてから対応しています。

銀行員も相手が面倒くさいことは理解していますから、下手に出ながら電話してきます。

ところが、先にこちらから、

「確定申告が用意できたので、説明にあがりたいのですが、ご都合はいかがでしょうか」

と連絡を入れれば、銀行員は感動します。「なんてきちんとした人なのだろう!」と思うのが人情です。

銀行が知りたいのは、赤字になっていないか、債務超過になっていないかという点。

黒字であれば、その資料を提出するだけでいいのですが、もし赤字になっていれば、その理由を説明しましょう。

「赤字の理由は、ほかに物件を買ったために一時的に費用が発生したからです。それを外せば、黒字なので心配ありません」と伝えるわけです。

それを繰り返して信頼を得ていくことで、逆に銀行側から、

「もう1棟どうですか？」

と提案されるようになる。それを不動産業者に伝えると、「この人は買える人だ」と目を輝かせて、いい情報や裏情報を持ってきてくれるようになるのです。

私はこうしてアパートを2棟、3棟と増やしていき、完全な不労所得の状態をつくることができました。

銀行との関係を築くことの大切さは、アパート経営に限らず、ほかの事業でも、住宅ローンを借りるときでも同じことです。

思い切って、「自分はお客様」という意識を捨てて、「銀行が自分のお客様」という意識を持つと、いろいろなことがうまく回り始めるはずです。

答え

融資を受ける立場においては、「お客様は神様」ではない。お金を借りるためには、銀行員から信頼されることが大切。申請書類を書くときは、字を丁寧に、記入漏れを減らすこと。専門用語を使いながらの高飛車な態度はＮＧ。追加の提出書類にも嫌な顔をせず、つねに銀行員がやりやすいように先回りすることで、融資が得られるようになる。

質問 23

住宅ローンはボーナス払いと一律平均払い、得するのはどっち？

住宅ローンを組むときは、絶対にボーナス払いにしてはいけません。

誰もが思っているように、今の時代、かならずボーナスをもらえる保証はどこにもありません。

もし、**ローンの支払いを3回延滞してしまったら、アウトです。**

せっかく購入した家を差し押さえられ、かつ、あなたの預金も差し押さえられてしまいます。

ローンが払えないとなれば、銀行は債権回収会社に物件を、なんと100万円ほどで売ってしまいます。銀行は保険に入っていますから、100万円で売り渡しても痛くもかゆくもありません。

債権回収会社は、競売の前に任意売却にかけます。

たとえば5000万円で買ったものが、3000万円から4000万円くらいで売りに出されるわけです。もし4000万円で売れたとしたら、3900万円が債権回収会社の利益になるのです。

こうしてあなたの資産は、あっという間に〝ほかのだれか〟のものになります。

要するに、できる限り延滞になるリスクを少なくしておくことが大事。ボーナス払いにすれば、月々の支払い額は確かに少なくなりますが、つねに危険と隣合わせになってしまうのです。

借りられる金額と返せる金額は違う

自分が返せる金額は、年収の20％くらいだと私は思っています。しかし、銀行は返済利率が35％まで貸してくれます。しかし、こんなに借りてしまったら、生活は苦しくなるに決まっています。

住宅ローンを年収の20％と決めると、自ずと購入していい物件価格が決まります。

年収が500万円の人であれば、住宅ローンの年間の支払いは100万円。月々にすると、8万3000円になります。仮に住宅ローンの金利が1%だとすると、だいたい3000万円の物件になります（頭金がある人は、その額にプラスすればいい）。

そうすると、3000万円の金額で物件を探さなければいけません。

ところが、ほとんどの人は物件を先に見に行ってしまいます。「オリンピックがあって、海も眺められるから豊州にでも見に行ってみよう」とオープンルームに行ってしまうのです。

実際に見に行くと、「オリンピックを間近で見られる」「海が見えるね」と言って、舞い上がってしまう。

住宅展示場には、かならず不動産業者が立っていて、

「ためしに35年の住宅ローンを組んだら、月々の返済がいくらか調べてみましょうか？」

と言われます。そうすることで、お客様が飛びつくことを知っているからです。「年

収はいくらですか？　奥様も働いていますよね？」と聞かれ、電卓を叩いて「あ、買えますよ！　私に任せてください」となるわけです。

しかし、お金を借りられるのと返せるのとではまったく違います。借りられる金額を聞くと、「俺はその額を返せるんだ」と勘違いしがちですが、これはとても危険です。20代の若いときから家計の管理ができていれば、感覚的に返せるかどうかわかります。自分がどのくらいの比率で住宅費を抑えないといけないか、頭に入っているからです。

でも、家計管理をしてこなかった人は、物件の魅力と不動産業者の甘い文言に負けて、無理して自分の身の丈以上の物件を購入してしまうのです。

その時点で夫婦2人で働いていると、不動産業者は2人の収入合算でローンを組むことをすすめてきます。

でも、子どもが生まれたら、当然ながら奥さんの収入はなくなります。結局、返せなくなってカードローンで借りてしまう。

その支払いを、また別のカードローンから借りてくる。そういう悪循環に迷い込んで、最終的に破綻してしまった人を私はたくさん見てきました。

そうならないためにも、業者の言うことを聞きすぎず、自分で返せる金額を把握しておきましょう。お金のリテラシーを高めておけば、そんな失敗はしないでしょう。

答え

ボーナス払いは危険！　ローンは年収の20%までに抑え、一律平均で返済をしよう。

質問24

「繰り上げ返済」をするか、「手持ちの現金」を貯めるか、得するのはどっち？

繰り上げ返済をするかどうかは、自分のライフプランによります。自分や奥さんの年齢、子どもの年齢ごとに行事を書き込んでいけば、簡単にライフプランをつくれます（82ページの図参照）。

ライフプランをつくれば、いつどのくらいのお金が必要かわかります。必要なお金が、それまでに貯まるか（それまでに積み立ての総額がいくらになるか）を考慮しながら、手元に置いておかなければいけません。

ですから、**早く払い終わらせたい一心で、無闇《むやみ》に繰り上げ返済を行ってしまうのはNGです。**

住宅ローンを返しすぎて、子どもの大学入学金が足りなくなったケースも多くあります。

その場合、住宅ローンよりも金利の高い学資ローンや教育ローンでお金を借りることになり、かなり損をしてしまいます。

ライフプランとにらめっこした上で、大丈夫であれば、返済にまわすのはいいでしょう。支払総額も減りますし、純資産が上がりますから、メリットはあります。

ただ、**すごく安い金利でお金を調達しているのですから、無理に繰り上げ返済しなくてもいいと私は思っています。**

なおかつ**「団体信用生命保険」**にも加入しているのです。

前述の通り、団体信用生命保険は、夫婦のどちらかが亡くなった場合、残りの住宅ローンがチャラになる保険。

住宅ローンの金利の中から保険料が払われています。このメリットを享受せずに、繰り上げ返済をするのは、じつにもったいないことです。

住宅ローン以上の金利を稼ぐ

住宅ローンは、せいぜい金利が1％程度。余剰金が生まれたら、返済にまわすのではなく、投資にまわすほうがかしこいかもしれません。

たとえば、投資信託を勉強して、金利1%以上稼げるようにする。仮に7%の運用でまわすことができれば、差し引き6%の収益になります。新しい資産を運んでくれる原資になるわけですから、わざわざ1%のローンを返すのはもったいないと言えます。

将来、アパート経営をしたいと考えている人は、下手に繰り上げ返済せずに、できるだけ手元に現金を残しておいたほうがいい。

アパートローンを借りる場合、自己資金がいくらあるかが、審査される上で圧倒的に重要になるからです。これはほかの事業を始める場合も同じです。

住宅ローンの返済に使ってしまうと、借金が減っていく代わりに、現金がない人になってしまいます。アパート経営は何が起こるかわかりません。何かあったとき、手元にお金がないと対応できないのです。

銀行はお金を返してほしいですから、何かあったときにすぐに対応できるかどうかを見ています。

たとえば、10室のうち4室空いてしまったら、アパートローンの返済が難しくなる。

でも、預金があれば、そこから返せると見てもらえます。

リフォームが必要になったときも同じ。

手元に現金がなければ、きちんとリフォームもできませんし、リフォームできなければ借りてくれる人もいなくなります。悪循環に陥ってしまい、結局アパートを手放し、借金だけが残ってしまいます。

どんな投資であっても、元本を割り込むリスクはかならずあります。それが嫌な人は、繰り上げ返済でいい。

その人の適合性にもよるでしょう。

投資の知識や経験が備わっている人はチャレンジしたらいいですし、投資に興味が持てなくて堅実にいくという人は繰り上げ返済でいいのです。

その前提になるのが、あくまでもライフプラン――。自分のライフプランをつくって、長期的にお金を俯瞰《ふかん》しなければいけません。

答え

「団体信用生命保険」に入っていれば、無闇に繰り上げ返済をする必要はない。住宅ローンの金利以上で運用できる人も、繰り上げ返済の必要はない。投資に関心のない堅実な人は、ライフプランを見極めながら繰り上げ返済をするかどうか判断しよう。

質問 25

銀行に相談する人、自力で解決する人、資産が増えるのはどっち？

銀行はお金の出し入れをするだけの場所ではなく、安い金利でお金を貸してくれる場所だと説明してきました。そのための方法も、これまで述べてきましたが、ほかにも銀行を有効に利用する方法があります。**人の紹介です。**

たとえば、急に身内が亡くなって、相続が発生したとします。書類作成や役所への提出、保険など、司法書士が必要になりますが、誰に頼んだらいいか途方に暮れることがあります。また、事業を始めようと思ったときも、そのための手続きをお願いする司法書士や税理士を探さなければいけません。

そういったとき、積み立てをしているメインバンクに**「いよいよ独立することになりました。ついてはそれに関する税理士さん、司法書士さん、行政書士さんを紹介してくれないでしょうか」**と相談するのです。

銀行は、ネットワークを持っています。そして何より、**銀行員は相談されるのが大好きです。**私もそうでしたが、人の役に立ちたいという気持ちが強いので、喜んで税理士や司法書士を紹介してくれます。前項で述べたように、審査の際に少し上から目線になってしまうのも、「なんとかこの人を稟議で通したい」と一生懸命「してあげている」ことのあらわれでもあります。少し傲慢に見えることもあるかもしれませんが、人の役に立ちたいという気持ちは同じです。特に地元の信用金庫は、その地域の情報とネットワークを持っていますから、紹介してくれるでしょう。

また、紹介された税理士や司法書士も、あなたのことを大事にします。**銀行からの紹介ですから、絶対に変なことはできません。**こうして、銀行の信用を有効に活用できるわけです。

相談上手な人は、お金を借りやすい

わからないこと、困っていることがあれば、とにかく銀行に相談すればいい。人を紹介してもらうだけでなく、商品の販路ですら紹介してくれる場合もあります。銀行は本来、ありとあらゆることの駆け込み寺なのです。

お金を借りる達人がいます。

「ちょっと相談があるんですけど……」

と言って、「今、こんなところから受注を受けてしまって、人は確保しているんですけど、お金がないんですよ。でも、うちは担保がないじゃないですか。いや～、どうすればいいですかね」と相談するのです。すると、銀行員は、「なんとかしてあげたい」と思うものです。

松下幸之助さんも、本当に相談がうまかったと聞きます。当時の住友銀行がなんの資産もない松下電器産業に融資したのも、松下幸之助さんが銀行に掛け合ったから。その態度は礼儀正しく、ひとつも偉そうなところがなかったそうです。今でも松下電器産業（現・パナソニック）は、住友銀行（現・三井住友銀行）に対する恩義を忘れずに、感謝の気持ちを持っています。

その人が抱えている課題、悩み、やりたいこと……。それを一緒に考えてサポートする。自分が持っている人脈やネットワークを利用して、その人を助けたい。銀行員時代の私も、つねにそう思っていました。それが楽しくて仕方がありませんでした。

ですから、**あなたも困ったことがあれば、銀行に相談してください。きっと真摯《しんし》に対応してくれるはずです。そしてそれが銀行との絆を太くすることにもなるのです。**

答え

銀行には、人や会社の紹介などを相談してみよう。それが、銀行との関係強化にもなる。

エピローグ

あなたの生涯収入は、いくらくらいでしょうか。一般的には、平均的なサラリーマンで、2億5000万円ほどだと言われています。そのうち、約2割が税金や年金、健康保険などで差し引かれますから、手取り収入は、およそ2億円になるでしょう。

仮に、住宅費を4000万円、保険料を1500万円、子ども2人の教育費を3000万円とすると、合計で8500万円。これらの固定費を2億円から引くと、実際に使えるお金は、1億1500万円になります。

22歳から65歳までの43年間で割ると、1年間で使えるお金は約267万円（月にすると、約22万円）。その中で生活費を捻出するわけですが、老後のための貯蓄もしたいですよね。こう考えていくと、2億円では少ないような気がします。

ならば、あなたならどうしますか？　答えは、この2億円をかしこく管理、活用することです。つまり、本書でお伝えしてきたことですね。

会社員が給料を増やすのは簡単なことではありません。大幅に増やすためには、取締役くらいまで出世しなければなりませんし、独立して経営者になるにしても大きなリスクを抱えてしまいます。

でも、「普通の会社員のままでも資産を築ける」と、私は断言できます。

本書の最初に紹介した物語の中に出てきた〝兄弟〟。2人は、どちらも優秀でした。勤めた会社でもそれなりに出世したことでしょう。おそらく生涯収入で言えば、3億円くらいだと思います。ところが、兄には資産が一切残りませんでした。きっと寂しい老後を送ることになるでしょう。一方、弟は資産を築いたため、悠々自適な老後を送るはずです。同じ生涯年収なのに、この差はどうして生まれたのでしょうか。

本書を最後まで読んだあなたには、もうおわかりですね。ここで、もう一度言う必要はないでしょう。ただ、これだけは最後にもう一度つけ加えておきます。

会社員としての生涯年収が2億5000万円だったとしても、そのほかに不労所得を得られる方法はあります。そして、そのために、銀行を上手に活用してください。

あなたが生きていく上で、お金や保険、住宅に関して、選択を迫られるときがくるでしょう。本書がその選択の助けになれば、こんなに嬉しいことはありません。

さあ、今すぐ行動するか、それとも先のばしにするか、あなたは、どっち？

菅井敏之

お金が貯まるのは、どっち!?

発行日　2014年3月22日　第1版第1刷
発行日　2014年10月2日　第1版第18刷

著者　菅井敏之

デザイン　鈴木大輔、江崎輝海（ソウルデザイン）
編集協力　森秀治、ロハス工房
校正　柳元順子

編集担当　黒川精一
営業担当　増尾友裕
営業　丸山敏生、熊切絵理、石井耕平、菊池えりか、伊藤玲奈、櫻井恵子、田邊曜子、奥山寛子、吉村寿美子、大村かおり、高垣真美、高垣知子、柏原由美、大原桂子、清水薫、寺内未来子、綱脇愛
プロモーション　山田美恵、浦野稚加
編集　柿内尚文、小林英史、名越加奈枝、五十嵐麻子、杉浦博道、舘瑞恵
編集総務　鵜飼美南子、高山紗耶子、森川華山
講演事業　齋藤和佳
マネジメント　坂下毅
発行人　高橋克佳

発行所　株式会社アスコム

〒105-0002
東京都港区愛宕1-1-11　虎ノ門八束ビル
編集部　TEL：03-5425-6627
営業部　TEL：03-5425-6626　FAX：03-5425-6770

印刷・製本　株式会社廣済堂

Printed in Japan ISBN 978-4-7762-0822-8